プリント形式のリアル過去問で本番の臨場感！

三重県

海星中学校

2025年春 受験用

解答集

本書は，実物をなるべくそのままに，プリント形式で年度ごとに収録しています。
問題用紙を教科別に分けて使うことができるので，本番さながらの演習ができます。

■ 収録内容

・解答集（この冊子です）

書籍ＩＤ番号，この問題集の使い方，最新年度実物データ，リアル過去問の活用，
解答例と解説，ご使用にあたってのお願い・ご注意，お問い合わせ

・2024（令和６）年度 ～ 2022（令和４）年度　学力検査問題

JN132441

○は収録あり

年度	'24	'23	'22			
■ 問題(前期)	○	○	○			
■ 解答用紙	○	○	○			
■ 配点						

算数に解説
があります

注)国語問題文非掲載:2023年度の1, 2022年度の1

問題文の非掲載につきまして

著作権上の都合により，本書に収録している過去入試問題の本文の一部を掲載しておりません。ご不便をおかけし，誠に申し訳ございません。

本文の一部を掲載できなかったことによる国語の演習不足を補うため，論説文および小説文の演習問題のダウンロード付録があります。弊社ウェブサイトから書籍ＩＤ番号を入力してご利用ください。

なお，問題の量，形式，難易度などの傾向が，実際の入試問題と一致しない場合があります。

教英出版

■　書籍ＩＤ番号

入試に役立つダウンロード付録や学校情報などを随時更新して掲載しています。
教英出版ウェブサイトの「ご購入者様のページ」画面で，書籍ＩＤ番号を入力してご利用ください。

書籍ＩＤ番号　103425

（有効期限：2025年9月30日まで）

【入試に役立つダウンロード付録】
「要点のまとめ(国語／算数)」
「課題作文演習」ほか

■　この問題集の使い方

年度ごとにプリント形式で収録しています。針を外して教科ごとに分けて使用します。①片側，②中央のどちらかでとじてありますので，下図を参考に，問題用紙と解答用紙に分けて準備をしましょう（解答用紙がない場合もあります）。

針を外すときは，けがをしないように十分注意してください。また，針を外すと紛失しやすくなりますので気をつけましょう。

①　片側でとじてあるもの

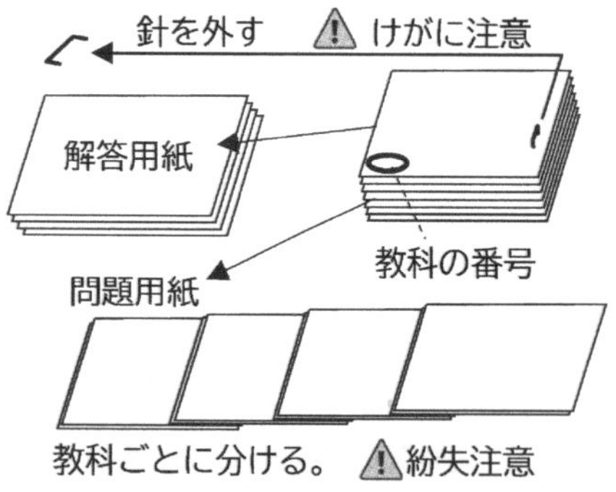

②　中央でとじてあるもの

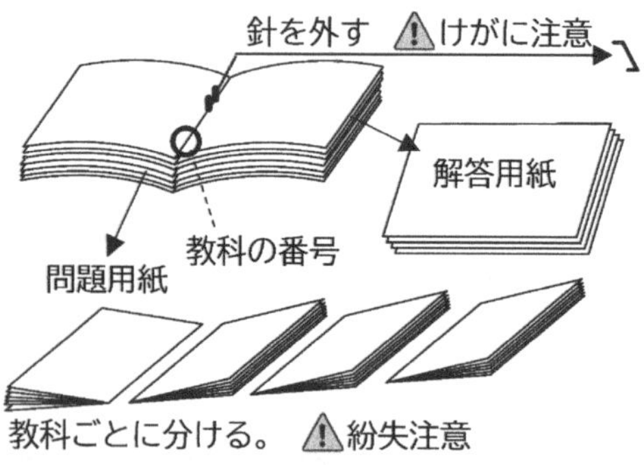

※教科数が上図と異なる場合があります。
解答用紙がない場合や，問題と一体になっている場合があります。
教科の番号は，教科ごとに分けるときの参考にしてください。

■　最新年度　実物データ

実物をなるべくそのままに編集していますが，収録の都合上，実際の試験問題とは異なる場合があります。実物のサイズ，様式は右表で確認してください。

問題用紙	Ａ４冊子(二つ折り)
解答用紙	Ａ３片面プリント 英：Ａ４片面プリント

リアル過去問の活用

～リアル過去問なら入試本番で力を発揮することができる～

本番を体験しよう！

問題用紙の形式（縦向き／横向き），問題の配置や余白など，実物に近い紙面構成なので本番の臨場感が味わえます。まずはパラパラとめくって眺めてみてください。「これが志望校の入試問題なんだ！」と思えば入試に向けて気持ちが高まることでしょう。

入試を知ろう！

同じ教科の過去数年分の問題紙面を並べて，見比べてみましょう。

① 問題の量

毎年同じ大問数か，年によって違うのか，また全体の問題量はどのくらいか知っておきましょう。どのくらいのスピードで解けば時間内に終わるのか，大問ひとつにかけられる時間を計算してみましょう。

② 出題分野

よく出題されている分野とそうでない分野を見つけましょう。同じような問題が過去にも出題されていることに気がつくはずです。

③ 出題順序

得意な分野が毎年同じ大問番号で出題されていると分かれば，本番で取りこぼさないように先回りして解答することができるでしょう。

④ 解答方法

記述式か選択式か（マークシートか），見ておきましょう。記述式なら，単位まで書く必要があるかどうか，文字数はどのくらいかなど，細かいところまでチェックしておきましょう。計算過程を書く必要があるかどうかも重要です。

⑤ 問題の難易度

必ず正解したい基本問題，条件や指示の読み間違いといったケアレスミスに気をつけたい問題，後回しにしたほうがいい問題などをチェックしておきましょう。

問題を解こう！

志望校の入試傾向をつかんだら，問題を何度も解いていきましょう。ほかにも問題文の独特な言いまわしや，その学校独自の答え方を発見できることもあるでしょう。オリンピックや環境問題など，話題になった出来事を毎年出題する学校だと分かれば，日頃のニュースの見かたも変わってきます。

こうして志望校の入試傾向を知り対策を立てることこそが，過去問を解く最大の理由なのです。

実力を知ろう！

過去問を解くにあたって，得点はそれほど重要ではありません。大切なのは，志望校の過去問演習を通して，苦手な教科，苦手な分野を知ることです。苦手な教科，分野が分かったら，教科書や参考書に戻って重点的に学習する時間をつくりましょう。今の自分の実力を知れば，入試本番までの勉強の道すじが見えてきます。

試験に慣れよう！

入試では時間配分も重要です。本番で時間が足りなくなってあわてないように，リアル過去問で実戦演習をして，時間配分や出題パターンに慣れておきましょう。教科ごとに気持ちを切り替える練習もしておきましょう。

心を整えよう！

入試は誰でも緊張するものです。入試前日になったら，演習をやり尽くしたリアル過去問の表紙を眺めてみましょう。問題の内容を見る必要はもうありません。どんな形式だったかな？受験番号や氏名はどこに書くのかな？…ほんの少し見ておくだけでも，志望校の入試に向けて心の準備が整うことでしょう。

そして入試本番では，見慣れた問題紙面が緊張した心を落ち着かせてくれるはずです。

※まれに入試形式を変更する学校もありますが，条件はほかの受験生も同じです。心を整えてあせらずに問題に取りかかりましょう。

2024 解答例
令和6年度

海星中学校《三重県》

《国　語》

1 問1．a．まさ　b．企業　c．課　d．ちょしゃ　e．発展　問2．A．エ　B．オ　C．ア
問3．後の自分の役に立つように、今から努力を重ねること　問4．ア　問5．学生たちに「読書の効率化」を図るための力をつけてほしいから。　問6．消極的　問7．(1)いと　(2)ア　問8．イ　問9．エ

2 問1．a．興味　b．荷物　c．借　問2．(1)オ　(2)ウ　問3．特別な場所　問4．裏階段やダストシュートに誰も興味を持たず、遊んでいないから。　問5．ウ　問6．五十歩百歩　問7．「ナナのそばで吸わない」とママと約束したから。　問8．エ　問9．イ　問10．ア

3 ①イ　②オ　③イ　④エ　⑤ウ

4 ①オ　②イ　③エ　④キ　⑤カ

《算　数》

1 (1)419　(2)4.437　(3)5　(4)8　(5)9　(6)16　(7)$1\frac{7}{12}$

2 (1)1499　(2)午前8時8分　(3)220　(4)77　(5)3060　(6)29

3 (1)15　(2)12　(3)361.28

4 (1)(南緯55°，東経136°)　(2)(北緯35°，西経164°)　(3)(南緯35°，西経44°)　(4)141.3　(5)151.8

5 (1)ウ，オ　(2)125
(3)〈0〉から3個の数を選ぶ。／〈2〉から3個の数を選ぶ。／〈0〉，〈1〉，〈2〉から1個ずつ数を選ぶ。　(4)41

《英　語》

1 問1．①　問2．①　問3．②　問4．③　問5．②　問6．①　問7．②　問8．④
問9．③　問10．①　問11．④　問12．④　問13．④　問14．③　問15．③　問16．①
問17．③　問18．②　問19．③　問20．④

2 問1．②　問2．④　問3．①　問4．④　問5．①

3 問1．④　問2．④　問3．②　問4．②　問5．③

4 問1．③　問2．③

5 問1．③　問2．①　問3．③

6 問1．③　問2．④　問3．①　問4．④　問5．②

《理　科》

1 問1．イ，ウ，エ　問2．ア，ウ　問3．ア，ウ　問4．イ，エ　問5．ア　問6．イ　問7．137
問8．114

2 問1．イ，エ　問2．ア　問3．ア，エ　問4．オ

3 問1．イ　問2．ア　問3．ア，ウ　問4．ウ，オ　問5．エ
問6．極板の面積を大きくし，極板間の距離を小さくする。

4 問1．①筋肉　②骨　③けん　問2．ア
問3．からだを支える背骨／からだを守る頭の骨や胸の骨　などから1つ

5 問1．晴れの日　理由…蒸散が活発に行われ，差が出やすいため　問2．A．ウ　B．イ
問3．C．水蒸気　D．くき　E．葉　問4．蒸散　問5．a，c，d，b　問6．葉の裏側

6 問1．地表から1.2～1.5mの高さで，直射日光が当たらない風通しのよい場所ではかる。　問2．ア
問3．晴れ　問4．1日中かげにならない場所に，方位磁針を用いるなどして，記録用紙の向きを正しい方位に合わせて置く。　問5．(1)イ　(2)45

《社　会》

1 問1．(ア)神奈川県　(イ)山梨県　(ウ)長野県　問2．①　問3．①　問4．②　問5．(1)アメリカでは生産量より，国内の消費する量の方が多いため。　(2)②　(3)⑤

2 問1．[国名／記号]　(1)[エジプト／ウ]　(2)[オーストラリア／カ]　(3)[ブラジル／イ]　(4)[カナダ／ア]
問2．イ

3 問1．④　問2．九州の沿岸を守る兵士　問3．(1)大仏　(2)聖武天皇　(3)②　問4．シルク＝ロード
問5．③　問6．④　問7．④→②→①→③　問8．⑦

4 問1．(ア)関ヶ原　(イ)徳川家康　(ウ)徳川家光　(エ)武家諸法度　(オ)島原・天草一揆　(カ)ふみ絵　(キ)鎖国　(ク)オランダ　(ケ)出島　(コ)天下の台所　(サ)東海道　(シ)徳川慶喜　(ス)明治維新　問2．大名に多額の出費をさせて力を抑えながら，将軍の護衛もさせるため。　問3．②　問4．(1)本居宣長　(2)天皇の存在を見つめ直すきっかけとなったため。／天皇が行う政治を求める動きが強まったため。などから1つ　問5．④

5 問1．(ア)国会　(イ)裁判所　問2．議院内閣制　問3．ア．総務省　イ．文部科学省　ウ．外務省
エ．国土交通省　問4．②

2024 算数解説 令和６年度 ▶ 海星中学校《三重県》

1 (1) 与式＝134＋285＝**419**

(3) 与式＝12－(11＋24)÷５＝12－35÷５＝12－７＝**5**

(4) 与式＝$(34-12)\div\frac{11}{4}=22\times\frac{4}{11}=\mathbf{8}$

(5) 与式＝{(667＋233)＋(722＋178)＋(459＋441)}÷300＝(900＋900＋900)÷300＝900×３÷300＝2700÷300＝**9**

(6) 与式＝(0.57＋2.3＋1.13)×４＝４×４＝**16**

(7) 与式＝$\frac{35}{10}\times\frac{5}{6}-(\frac{22}{10}-\frac{1}{3})\div\frac{7}{5}=\frac{35}{12}-\frac{56}{30}\times\frac{5}{7}=\frac{35}{12}-\frac{4}{3}=\frac{19}{12}=\mathbf{1\frac{7}{12}}$

2 (1) 百の位を四捨五入して1000になる整数は，500～1499である。もっとも大きい数は**1499**である。

(2) **【解き方】12分おきに発車する電車と16分おきに発車するバスは，最小公倍数48分ごとに同時に発車する。**

午前７時20分に同時に発車したとき，次は午前７時20分＋48分＝**午前８時８分**に同時に発車する。

(3) **【解き方】自転車に乗っていた時間は，40－10＝30(分)である。**

往復で30分かかったので，片道は30÷２＝15(分)かかった。分速は，１分間に進むきょりなので，

3.3㎞＝3300ｍより，3300÷15＝220　　分速**220**ｍである。

(4) 図の立体を正面から見ると，１が５面並んでいる(㋐)。裏から見ると，１と向かい合う６の面が５面並んでいる(㋑)。上から見ると，２が３面並んでいて，下から見ると，２と向かい合う５の面が３面並んでいる(㋒)。右から見ると，３が３面並んでいて，左から見ると，３と向かい合う４の面が３面並んでいる(㋓)。よって，表面の数の和は，㋐＋㋑＋㋒＋㋓＝１×５＋６×５＋２×３＋５×３＋３×３＋４×３＝**77**である。

(5) **【解き方】原価300円の品物に，３割の利益をみこんだ定価は，300×(１＋0.3)＝390(円)であり，定価の２割引きの値段は，390×(１－0.2)＝312(円)である。**

定価で売ったときの１個あたりの利益は390－300＝90(円)，定価の２割引きで売ったときの１個あたりの利益は312－300＝12(円)，60個の半分は60÷２＝30(個)だから，求める利益は，90×30＋12×30＝(90＋12)×30＝**3060**(円)

(6) **【解き方】２人の年れいの差は，何年前でも何年後でも変わらない。**

12：７の比の数の差は12－７＝５，５：３の比の数の差は５－３＝２である。この比の数の差を同じにすると，その差が５と２の最小公倍数である10になるようにすればよいので，12：７＝(12×２)：(７×２)＝24：14

５：３＝(５×５)：(３×５)＝25：15となる。ゆうとさんの比の数に注目すると，１年前が14，１年後が15であることから，比の数の15－14＝１は２年にあたるとわかる。１年前が14×２＝28(才)だから，今は**29**才である。

3 (1) **【解き方】斜線《しゃせん》の部分のみに注目して考える。**

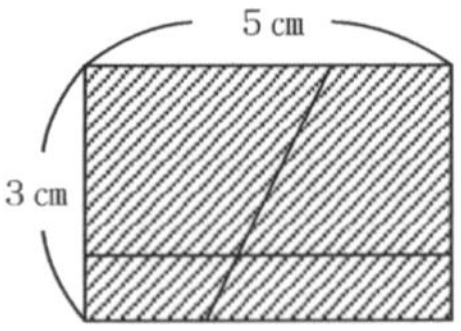

斜線の部分のみに注目すると，右の図のような，たてが４－１＝３(㎝)，横が６－１＝５(㎝)の長方形の面積と等しいことがわかる。斜線部分の面積は，３×５＝**15**(㎠)である。

(2) **【解き方】図の斜線の三角形を，右図のように回転させて考え，記号をおく。**

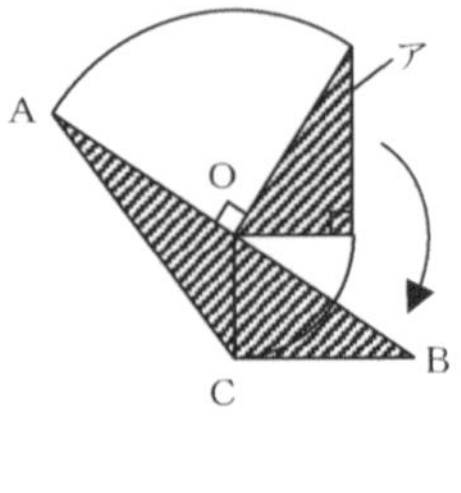

求めたい面積は、三角形ＡＣＢの面積と考えることができる。

右図のアの三角形の面積は３×４÷２＝６(㎠)で，ＡＯ＝ＢＯ＝５(㎝)である。

三角形ＡＯＣと三角形ＢＯＣの底辺をそれぞれＡＯ，ＢＯとすると，底辺と高さが等しいので，面積も等しい。よって，求める面積は，６×２＝**12**(㎠)

⑶　**【解き方】求める体積は，１辺の長さが８㎝の立方体から，半径８㎝の円を$\frac{1}{4}$にしたおうぎ形を底面にもつ高さ３㎝の柱体を切り取った体積である。**

立方体の体積は，８×８×８＝512(㎤)で，切り取った柱体の体積は８×８×3.14÷４×３＝150.72(㎤)である。

よって，求める体積は，512－150.72＝**361.28**(㎤)である。

4　⑴　**【解き方】図２より，経線にそって移動したとき，経度は変わらない。**

図１より，北緯35°から真南に90°移動した点の緯度は，南緯90°－35°＝55°である。したがって，求める地点は**南緯55°，東経136°**である。

⑵　**【解き方】図１より，緯線にそって移動したとき，緯度は変わらない。**

図２より，東経136°から経度が大きくなる向きは東だから，60°移動すると，136°＋60°＝196°だが，180°をこえるため，東経ではなく西経になる。180°を196°－180°＝16°こえるので，図２より，その位置は，西経180°－16°＝164°である。したがって，求める地点は**北緯35°，西経164°**である。

⑶　**【解き方】図１より緯度を，図２より経度を求める。**

図１より，北緯35°の地点Ａと地球の中心に関して対称な地点Ｂの緯度は，**南緯35°**である。図２より，東経136°と地球の中心に関して対称な地点の緯度は，**西経**180°－136°＝**44°**である。

⑷　図３より，南極点から経度０°の経線にそって赤道まで北上した移動きょりは，60×3.14÷４＝47.1(㎝)である(㋐)。次に，緯度０°，経度０°の地点から赤道にそって緯度０°，東経90°の地点まで90°移動したきょりは，60×3.14÷４＝47.1(㎝)である(㋑)。㋐と同様にして，緯度０°，東経90°の地点から東経90°の経線にそって北極点まで移動したきょりは47.1㎝である(㋒)。したがって，求めるきょりは，㋐＋㋑＋㋒＝47.1＋47.1＋47.1＝**141.3**(㎝)である。

⑸　**【解き方】⑷と同様に，南極点から地点Ｂ，地点Ｂから地点Ａ，地点Ａから北極点のきょりを別々に考えて，足す。**

南極点から地点Ｂまで90°－35°＝55°移動したきょりは，$60\times3.14\times\frac{55^\circ}{360^\circ}$＝28.78…(㎝)である(㋓)。次に，地点Ｂから地点Ａまで180°移動したきょりは，60×3.14÷２＝94.2(㎝)である(㋔)。㋓と同様にして，地点Ａから北極点まで55°移動したきょりは28.78…㎝である(㋕)。したがって，求めるきょりは，㋓＋㋔＋㋕＝28.78…＋94.2＋28.78…＝151.76…→**151.8**(㎝)である。

5　⑴　**【解き方】[ヒント１]より，各位の数の和が３の倍数であるかどうかを確かめる。**

ア．１＋２＋４＝７　７が３の倍数ではないので，124は３の倍数ではない。

イ．３＋８＋６＝17　17が３の倍数ではないので，386は３の倍数ではない。

ウ．７＋４＋４＋９＝24　24が３の倍数なので，7449は３の倍数である。

エ．１＋２＋１＋２＋１＋２＋１＝10　10が３の倍数ではないので，1212121は３の倍数ではない。

オ．２＋０＋２＋４＋０＋１＋０＋６＝15　15が３の倍数なので，20240106は３の倍数である。

したがって，**ウ**，**オ**が３の倍数である。

⑵　５個の数１，２，３，４，５をくりかえし使って３けたの整数を作るとき，百の位には５個のうち１個，十の位にも５個のうち１個，一の位にも５個のうち１個を選ぶことができる。したがって，５×５×５＝**125**(個)の３けたの整数を作ることができる。

⑶　グループの和が３の倍数になるように選ぶ。

⑷　**【解き方】⑶より，数の選び方は４つである。**

(ｉ)〈１〉から３つの数を選ぶ…〈１〉に当てはまるのは１，４なので，３けたの数は，(111，114，141，144，411，414，441，444)の８個である。

(ⅱ)〈２〉から３つの数を選ぶ…〈２〉に当てはまるのは２，５なので，３けたの数は，(222，225，252，255，522，525，552，555)の８個である。

(ⅲ)〈０〉から３つの数を選ぶ…〈０〉に当てはまるのは３なので，３けたの数は，(333)の１個である。

(ⅳ)〈０〉，〈１〉，〈２〉から１個ずつ数を選ぶ…数の選び方は，(１，２，３)，(１，３，５)，(２，３，４)，(３，４，５)の４組がある。それぞれの組の並べ方は，３×２×１＝６(通り)ずつあるので，６×４＝24(個)の３の倍数がある。

(ｉ)～(ⅳ)より，求める整数の数は，８＋８＋１＋24＝**41**(個)である。

海星中学校《三重県》

《国　語》

1　問1．a．録音　b．明記　c．だいきぼ　d．確かめる　e．てきせつ　問2．2　問3．2．ウ　3．ア　問4．ウ　問5．相手の気持ちを考えて、十分に配慮するところ。　問6．4．エ　5．ア　6．ウ　問7．日本を中心に据えた一方的な表現をしたため　問8．反対　問9．相手の立場　問10．エ

2　問1．a．公務員　b．困ら　c．白状　d．厚い　e．りこう
問2．［主語／述語］Ⅰ．［ウ／オ］　Ⅱ．［ウ／オ］　問3．ア　問4．ウ　問5．A．イ　B．オ
問6．十七　問7．ア　問8．俳句はわけのわからないつまらないものだという認識。　問9．だれにも見せずに、自分一人で親しむ大切なもの。　問10．貴重な時間をとりとめもなく過ごし焦りを感じている、どんよりとした感情。

《算　数》

1　(1)11　(2)19　(3)80　(4)123456789　(5)34　(6)$3\frac{1}{2}$　(7)7

2　(1)39　(2)313600　(3)147　(4)25　(5)90　(6)6　(7)14

3　(1)19　(2)5.14　(3)3110

4　(1)右図　(2)黒，50　(3)白，51　(4)149　(5)130

5　(1)ア．1000　イ．660　ウ．340　エ．200　オ．500　カ．160　キ．15　ク．150　(2)100　(3)A．3　B．9　C．1　(4)A．10　B．24　C．1　D．3

《英　語》

1　問1．④　問2．③　問3．②　問4．②　問5．③　問6．④　問7．③　問8．②
問9．②　問10．②　問11．①　問12．①　問13．②　問14．④　問15．③　問16．①
問17．②　問18．①　問19．③　問20．④

2　問1．①　問2．④　問3．①　問4．②　問5．①

3　問1．④　問2．①　問3．③　問4．②　問5．③

4　問1．①　問2．④

5　問1．③　問2．③　問3．①

6　問1．③　問2．④　問3．④　問4．③　問5．④

《理　科》

1 問1．ア，ウ　問2．ウ，カ　問3．イ　問4．18　問5．16　問6．二酸化炭素

2 問1．D　問2．ウ　問3．イ　問4．ア　問5．カ　問6．イ

3 問1．14.3　問2．1.4　問3．ア　問4．①，③　問5．オ

4 問1．⑴2.9　⑵4.2　⑶87　問2．⑤，⑥　問3．オ．①　カ．⑦　問4．②　問5．サ．増加する　シ．増加する　問6．クジラは肺で呼吸しているが，メダカはえらで呼吸しているから。

5 問1．キ　問2．メダカの卵は敵に食べられやすく，親があまり卵や子の世話をしないので，メダカはヒトよりも卵を産む数が多い。　問3．酸素／栄養　問4．オ

6 問1．⑴ア．西　イ．北　ウ．東　⑵④　問2．⑴右図　⑵ア　問3．オ，ク

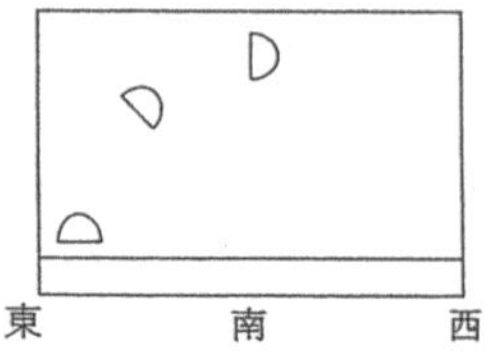

《社　会》

1 問1．ア．③　イ．清少納言　ウ．③　問2．④　問3．②　問4．ア．関東大震災　イ．③　問5．④　問6．②，①，③，④　問7．④　問8．国際連盟　問9．④　問 10．④，⑥　問 11．アメリカが韓国側について朝鮮戦争に軍を派けんし，日本に修理を依頼したから。　問12．①20　②18

2 ⑴問1．ア．天皇　イ．中臣鎌足　ウ．寝殿造　エ．平清盛　問2．大化の改新　⑵問1．ア．足利義満　イ．鉄砲　ウ．関ケ原の戦い　エ．フランシスコ＝ザビエル　問2．明智光秀　⑶問1．ア．徳川家光　イ．参勤交代　ウ．オランダ　エ．寺子屋　問2．②

3 問1．⑤　問2．④　問3．⑴⑥　⑵⑦，②，⑥，⑧　⑶①，③，④　問4．④　問5．海の水の富栄養化により，プランクトンが増えること。　問6．④　問7．①魚かい類　②だいず　③くだもの　④牛肉　問8．⑴ア．経線　イ．緯線　ウ．赤道　⑵③

4 カ，ク

2023 算数解説 令和5年度 ▶ 海星中学校《三重県》

1 (1) 与式＝640－629＝11

(2) 与式＝63－(３＋８)×４＝63－11×４＝63－44＝19

(3) 与式＝4.8×10÷0.6＝48÷0.6＝80

(4) 一の位の１は９個，十の位の１は８個，百の位の１は７個，…と考えれば，求める数は，123456789

(5) 68＝４×17 より，与式＝$\frac{3}{4}\times68-\frac{2}{17}\times68-\frac{9}{68}\times68=51-8-9=34$

(6) 与式＝$\frac{7}{3}\div(\frac{11}{9}-\frac{3}{5})-\frac{1}{4}=\frac{7}{3}\div(\frac{55}{45}-\frac{27}{45})-\frac{1}{4}=\frac{7}{3}\div\frac{28}{45}-\frac{1}{4}=\frac{7}{3}\times\frac{45}{28}-\frac{1}{4}=\frac{15}{4}-\frac{1}{4}=\frac{14}{4}=\frac{7}{2}=3\frac{1}{2}$

(7) 与式より，３×{□＋(18－３)÷５}＝６×５　　３×(□＋３)＝30　　□＋３＝30÷３　　□＝10－３＝７

2 (1) **【解き方】６で割ると３あまり，７で割ると４あまる数は，６と７の公倍数より３小さい数である。**

６と７の最小公倍数は６×７＝42 だから，求める数は，42－３＝39

(2) **【解き方】(去年訪れた人数)→(今年訪れた人数)，の順に求めていく。**

去年訪れた人数は，400000×(１－0.30)＝400000×0.70＝280000(人)だから，今年訪れた人数は，

280000×(１＋0.12)＝280000×1.12＝313600(人)

(3) **【解き方】(平均)×(人数)＝(合計)を使って，８人の身長の合計，３人の身長の合計を求める。**

８人の身長の合計は 150×８＝1200(cm)で，選んだ３人の身長の合計は 155×３＝465(cm)だから，

残りの５人の身長の合計は，1200－465＝735(cm)だから，平均は，735÷５＝147(cm)

(4) **【解き方】ちはるさんの採ったキノコの本数を①として，なつきさんとふゆみさんの採ったキノコの本数を表していく。**

なつきさんの採ったキノコの本数は(①＋８)本だから，ふゆみさんの採ったキノコの本数は，(①＋８)×２＝②＋16(本)と表せる。①＋(①＋８)＋(②＋16)＝④＋24(本)が 124 本にあたるから，④は 124－24＝100(本)にあたる。よって，ちはるさんの採ったキノコは，①＝100÷４＝25(本)

(5) **【解き方】右図より，電車がトンネルに完全にかくれている間に電車が進む道のりは，5652－127＝5525(m)である。単位に注意する。**

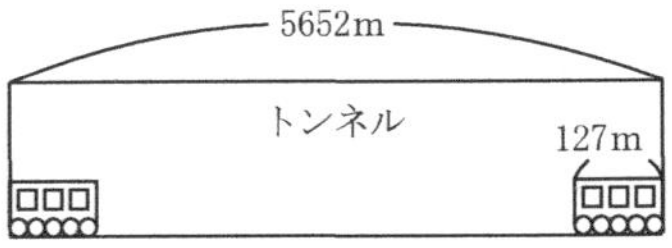

この電車は，221 秒間に 5525m進んだから，その速さは，

秒速(5525÷221)m＝秒速 25mである。これを時速kmに直すと，時速(25×3600÷1000)km＝時速 90 km

(6) **【解き方】(60 円の作り方)→(残りの 200 円の作り方)の順に考える。**

60 円の作り方は，(10 円玉の枚数，50 円玉の枚数)＝(１，１)(６，０)の２通りある。

残りの 200 円の作り方は，<100 円玉の枚数，50 円玉の枚数>＝<０，４><１，２><２，０>の３通りある。

２通りの 60 円の作り方と３通りの 200 円の作り方をどのように組み合わせても，50 円玉は５枚より多く必要にはならない。よって，260 円にする方法は，２×３＝６(通り)

(7) **【解き方】50 回全部当たった場合から考えていく。**

50 回全部当たったとすると，得点は３×50＝150(点)もらえるが，実際より 150－80＝70(点)多い。

当たった１回分を当たらなかったことにすると，それまでより得点は３＋２＝５(点)多くなるから，

的に当たらなかった回数は，70÷５＝14(回)

3 ⑴ **【解き方】右のように作図して，２つの三角形に分けて考える。**

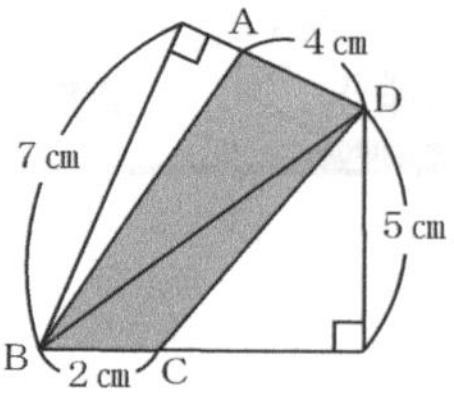

右図で，三角形ＡＢＤの面積は，４×７÷２＝14(㎠)

三角形ＢＣＤの面積は，２×５÷２＝５(㎠)だから，

求める面積は，14＋５＝19(㎠)

⑵ **【解き方】右のように作図して，長方形ＦＧＣＤの面積とおうぎ形ＦＤＥの面積の和から，三角形ＥＧＣの面積を引いて求める。**

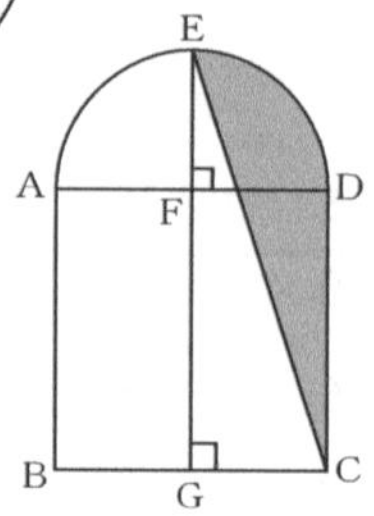

ＧはＢＣの真ん中の点になるから，ＣＧ＝ＢＣ÷２＝４÷２＝２(㎝)

ＥＦ＝ＤＦ＝ＣＧ＝２㎝より，ＥＧ＝２＋４＝６(㎝)

求める面積は，$4 \times 2 + 2 \times 2 \times 3.14 \times \frac{90^\circ}{360^\circ} - 2 \times 6 \div 2 = 8 + 3.14 - 6 = 5.14$(㎠)

⑶ **【解き方】右図のように直方体の体積を考えて，そこから２つの色をつけた部分の体積を引いて求める。**

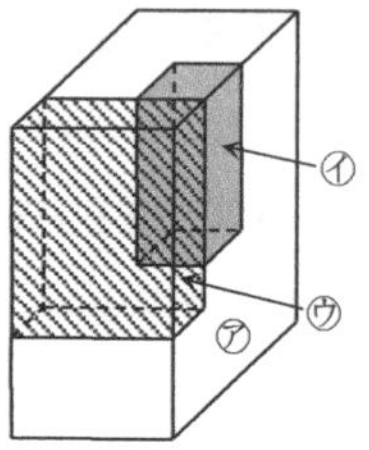

㋐と㋑と㋒を合わせた直方体の体積は，(15＋５)×10×20＝4000(㎤)

㋑の直方体の体積は，(15－９)×４×10＝240(㎤)

㋒の直方体の体積は，５×10×(10＋３)＝650(㎤)だから，

求める体積は，4000－240－650＝3110(㎤)

4 ⑴ 右図のように並ぶから，真上から見ると，黒・白・黒・白・黒・白・黒と交互に並んで見える。

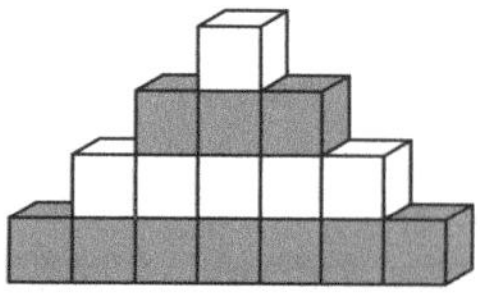

⑵ **【解き方】１段目と２段目，３段目と４段目のように，白の段とそのすぐ下の黒の段の立方体の個数を比べると，必ず黒の段の方が２個立方体が多くなることがわかる。**

50段までに黒の立方体は，50÷２＝25(段)現れるから，黒の立方体の個数が，２×25＝50(個)多くなる。

⑶ **【解き方】１段目に１個，２段目に３個，３段目に５個，…と考えると，ｎ段目には，２×ｎ－１(個)の立方体が並ぶ。**

51段目には白の立方体が，２×51－１＝101(個)並ぶから，白の立方体の個数が，101－50＝51(個)多くなる。

⑷ **【解き方】前後から見たとき，左右から見たとき，上下から見たときの３通りを考える。**

黒の立方体の段は，２段目，４段目，６段目，８段目，10段目であり，それぞれの段の立方体の個数は，順に，３個，７個，11個，15個，19個である。

前後から見ると，３＋７＋11＋15＋19＝55(個)の黒の立方体が見えるから，前後からの合計は，55×２＝110(面)

左右から見ると，５個の黒の立方体が見えるから，左右からの合計は，５×２＝10(面)

上から見ると２×５＝10(個)，下から見ると19個の立方体が見えるから，上下からの合計は，10＋19＝29(面)

よって，黒色の面は全部で，110＋10＋29＝149(面)

⑸ **【解き方】くずれたことで見えなくなった黒色の面の数と，新たに現れた黒色の面の数を数える。**

くずれた黒色の立方体は２段目と４段目の３＋７＝10(個)だから，前後から見える面のうち減った面の数の合計は，10×２＝20(面)

左右から見える面のうち減った面の数の合計は，２×２＝４(面)

上から見える面のうち減った面が２×２＝４(面)で，新たに現れた面が９面あるから，上下から見える面のうち増えた面の数は，９－４＝５(面)

よって，黒色の面は全部で，149－20－４＋５＝130(面)

5 (1) **【解き方】実験１の手順に従って調べていく。**

Ａを朝８時に10匹入れると，昼12時には，10×100＝ア 1000(匹)になる。

Ｂが20匹いると，午後にＢが食べるＡの数の合計は，33×20＝イ 660(匹)だから，午後７時に生き残っているＡの数は，1000－660＝ウ 340(匹)になる。20匹のすべてのＢは33匹のＡを食べたから，午後７時に生き残っているＢは，20×10＝エ 200(匹)になる。

Ａを朝８時に５匹入れると，昼12時には，５×100＝オ 500(匹)になる。

Ｂが20匹いるとＢが食べるＡの数の合計より，660－500＝カ 160(匹)少ないから，500÷33＝15あまり５より，Ａを33匹食べることができるＢはもっとも多くてキ 15匹なので，夜７時には，15×10＝ク 150(匹)になっている。

(2) **【解き方】まず１日目を調べていく。**

Ａを朝８時に６匹入れると，昼12時には，６×100＝600(匹)になり，Ｂが18匹いると，午後に食べるＡの数の合計は，33×18＝594(匹)だから，２日目の朝８時に生き残っているＡは，600－594＝６(匹)

18匹のすべてのＢは33匹のＡを食べたから，午後７時に生き残っているＢは，18×10＝180(匹)になる。

１匹のＣはＢを81匹食べるから，２日目の朝８時に生き残っているＢは，180－81＝99(匹)

２日目の昼12時にはＡは再び600匹になるので，Ｂはもっとも多くて18匹しか生き残れなく，３日目の朝８時のＢの数の合計は，２日目の朝８時の合計と同じになる。

よって，３日目の朝８時には，Ａは０匹，Ｂは99匹，Ｃは１匹になっているから，その合計は99＋１＝100(匹)

(3) **【解き方】(2)で２日目のＡの数が１日目と同じであったことに着目する。**

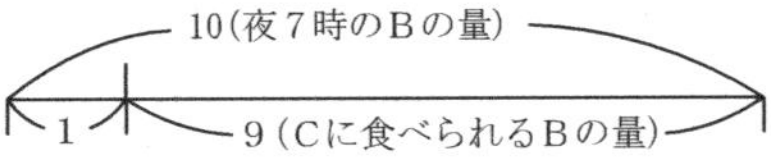

初めのＣの数を①とすると，Ｃに食べられるＢの数は，①×81＝$\textcircled{81}$

初めのＢとＣに食べられるＢの数の比が１：(10－１)＝１：９であればＢの数は変わらないから，初めのＢの数は，$\textcircled{81}\times\frac{1}{9}$＝⑨　(2)より，初めのＡとＢの比を１：３にすると，Ａの数は変わらないから，初めのＡの数は，$⑨\times\frac{1}{3}$＝③になる。よって，初めのＡとＢとＣの数の比は，③：⑨：①＝３：９：１だから，Ａを３匹，Ｂを９匹，Ｃを１匹入れればよい。

(4) **【解き方】(3)でＡとＢとＣの数は変わらなくなっているから，加えたＡとＢとＤの数が変わらないようにすればよい。**

加えるＤの数を①とすると，Ｄに食べられるＢの数は，①×45＝㊺

加えるＢと，Ｄに食べられるＢの数の比は１：９だから，加えるＢの数は，$㊺\times\frac{1}{9}$＝⑤

加えるＢと初めのＤによって食べられるＡの数は，33×⑤＋66×①＝$\textcircled{231}$

加えるＡの数と(加えるＢと初めのＤに食べられるＡの数)の比は１：99だから，加えるＡの数は$\textcircled{231}\times\frac{1}{99}=\textcircled{\frac{7}{3}}$と表せるから，加えるＡとＢとＤの数の比は，$\textcircled{\frac{7}{3}}$：⑤：①＝７：15：３になる。

よって，加えるＡとＢとＤの数は，それぞれ７匹，15匹，３匹だから，

１日目の朝８時にＡは３＋７＝10(匹)，Ｂは９＋15＝24(匹)，Ｃは１匹，Ｄは３匹いればよい。

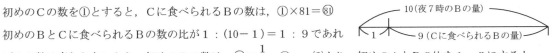

海星中学校《三重県》

《国　語》

1　問１．ア．けんとう　イ．わかい　ウ．細長　エ．そうらん　オ．確実　問２．一一の地震
問３．主語…長州や薩摩は　修飾語…災害に　問４．あ．オ　い．エ　う．ウ　え．イ　お．ア
問５．エ　問６．一三六一年を境に、地震の発生間隔が二〇〇年以上からほぼ半分の間隔に変わっている。
問７．エ　問８．ア　問９．ウ　問10．地震はいつ起こるかわからないものだが、発生の間隔を歴史的に見ると、次の地震がいつ起きても不思議ではないから。　問11．オ

2　問１．ア．指導　イ．以外　ウ．干　エ．せけんばなし　オ．しつぼう　問２．自分に説教をするため
問３．ウ　問４．あ．エ　い．ア　問５．ア　問６．駅伝のメンバーに入ることはないと思った
問７．おどろいた〔別解〕おどろいて目を見開いた　問８．ウ　問９．小野田のがっかりした顔を見て、駅伝に出てほしいという頼みを断ったことが気がかりである様子。　問10．ア，エ

《算　数》

1　(1)12000　(2)$1\frac{1}{20}$　(3)3　(4)4705　(5)8　(6)28

2　(1)26　(2)14　(3)88　(4)13　(5)12　(6)128

3　(1)8.4　(2)13.816

4　(1)食材①…13　食材②…14　食材③…7　(2)15800　(3)㋐8　㋑6　㋒144　㋓108　㋔140

5　(1)① ○○○○●○●○　②93　③140　(2)①29　②28

《英　語》

1　問１．④　問２．①　問３．②　問４．④　問５．③　問６．①　問７．④　問８．②
問９．①　問10．③　問11．②　問12．②　問13．①　問14．④　問15．③　問16．③
問17．④　問18．④　問19．①　問20．①

2　問１．②　問２．④　問３．②　問４．①　問５．④

3　問１．①　問２．③　問３．②　問４．①　問５．④

4　問１．①　問２．②

5　問１．②　問２．③　問３．③

6　問１．③　問２．②　問３．④　問４．③　問５．④

《理　科》

1 問1．ア　問2．イ　問3．ア　問4．ウ　問5．20　問6．10　問7．10.4

2 問1．塩化水素　問2．酸性　問3．とける　問4．重そう水　問5．①，④　問6．二酸化炭素

3 問1．エ　問2．水蒸気　問3．15　問4．イ　問5．0.8

4 問1．明るい時間が 14 時間以内であること。／暗い時間が 10 時間以上であること。などから1つ　問2．できる花芽の数は0であると考えられる。　問3．カ

5 問1．イ　問2．a．440　b．50　問3．キ　問4．500

6 問1．(1)a　(2)d　(3)b　問2．じん臓　問3．水中の酸素を，えらから体内に取り込んでいる。

7 問1．エ　問2．オ　問3．ウ　問4．イ　問5．(1)68　(2)16.5

《社　会》

1 問1．ア．季節風　イ．雪　問2．②　問3．領空　問4．④　問5．モンゴル　問6．韓国
問7．筑紫山地　問8．南鳥島　問9．津波が発生し，街を押し流したから。　問10．高潮　問11．③

2 田植えをする

3 問1．②　問2．大仙古墳　問3．②，④　問4．仏教の力を用いて国の情勢を安定させようとしたため。
問5．記号…③　名称…平等院　問6．①　問7．③　問8．徳川家康　問9．名称…日米和親条約
県名…静岡県　問10．記号…③　作物…キャベツ
問11．日清戦争／日露戦争　薩英戦争→日清戦争→日露戦争→第一次世界大戦→第二次世界大戦

4 問1．ア．18　イ．30　問2．国会議事堂　問3．①厚生労働省　②財務省　③外務省　④経済産業省
問4．③　問5．1．大久保利通　2．木戸孝允　3．板垣退助　問6．電気れいぞう庫／電気せんたく機
問7．③　問8．社会保障費

5 問1．ア．中京工業地帯　イ．太陽光発電　問2．④　問3．③　問4．福岡県　問5．四大公害病…①
現在の写真…③　問6．賃金の安い海外へ工場を移すこと。

2022 算数解説 令和４年度 ▶ 海星中学校《三重県》

←解答例は前のページにありますので，そちらをご覧ください。

1 (1) 与式$=12\times(1125-125)=12\times1000=12000$

(2) 与式$=\frac{30-20+15-12+50}{60}=\frac{63}{60}=\frac{21}{20}=1\frac{1}{20}$

(3) 与式$=13\times\frac{1}{4}-13\times\frac{3}{13}+13\times\frac{11}{52}=\frac{13}{4}-3+\frac{11}{4}=\frac{13}{4}+\frac{11}{4}-3=6-3=3$

(4) 与式$=(49380-6120-915)\times\frac{1}{9}=42345\times\frac{1}{9}=4705$

(5) 与式より，$(\square\times12-8)\times\frac{1}{8}=11$　$\square\times12-8=11\div\frac{1}{8}$　$\square\times12=88+8$　$\square=96\div12=8$

(6) 与式より，$100-(\square+42)=36\times\frac{5}{6}$　$\square+42=100-30$　$\square=70-42=28$

2 (1) **【解き方】(200 以下の４の倍数の個数)－(99 以下の４の倍数の個数)で求める。**

200 以下の４の倍数は，$200\div4=50$(個)あり，99 以下の４の倍数は，$99\div4=24$ 余り３より，24 個ある。

よって，求める個数は，$50-24=26$(個)

(2) **【解き方】食塩水の問題は，うでの長さを濃度《のうど》，おもりを食塩水の重さとしたてんびん図で考えて，うでの長さの比とおもりの重さの比がたがいに逆比になることを利用する。**

右図のようなてんびん図がかける。a：bは，食塩水の量の比である

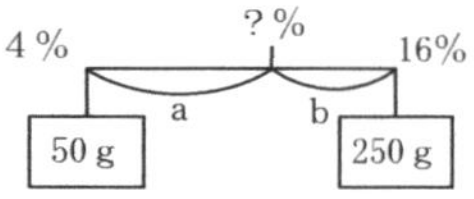

50：250＝１：５の逆比に等しくなるので，a：b＝５：１となる。

これより，a：(a＋b)＝５：６となるから，$a=(16-4)\times\frac{5}{6}=10$(%)なので，

求める濃度は，$4+10=14$(%)

(3) **【解き方】Ａより４小さい数をＣとすると，Ｃ＝Ｂ×７で，Ｂ＋Ｃ＝100－４＝96 である。**

Ｂ：Ｃ＝１：７だから，(Ｂ＋Ｃ)：Ｃ＝(１＋７)：７＝８：７なので，$C=96\times\frac{7}{8}=84$　$A=84+4=88$

(4) **【解き方】右のような表で考える。㋐の人数を求めればよい。**

㋑＝30－17＝13，㋒＝13－８＝５，㋐＝18－５＝13

		姉妹		合計
		いる	いない	
兄弟	いる	㋐	㋒	18
	いない		8	
合計		17	㋑	30

(5) **【解き方】行きと帰りでかかる時間の比は，行きと帰りの速さの比である 24：18＝４：３の逆比の３：４である。**

時間の比である３：４の比の数の差の４－３＝１が 10 分にあたる。よって，行きでかかる時間は$10\times\frac{3}{1}=30$(分)，つまり$\frac{30}{60}=\frac{1}{2}$(時間)だから，自宅から学校までの道のりは，$24\times\frac{1}{2}=12$(km)

(6) **【解き方】200 円ごとに８％分のポイントがもらえるので，現金で払った 200 円ごとに $200\times\frac{8}{100}=16$(ポイント)がもらえる。**

現金で払う金額が $2000-234=1766$(円)だから，$1766\div200=8$ 余り 166 より，$16\times8=128$(ポイント)もらえる。これがそのまま次回から使えるポイントである。

3 (1) **【解き方】ＡＢとＤＣが平行であることから，三角形ＡＢＣの底辺をＡＢ，三角形ＡＤＣの底辺をＤＣとしたときの高さは等しいので，この２つの三角形の面積比は，ＡＢ：ＤＣ＝５：２となる。**

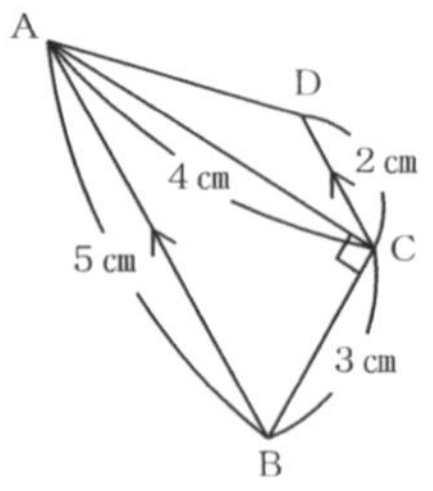

三角形ＡＢＣの面積は，$3\times4\div2=6$(cm²)

三角形ＡＤＣの面積はこの$\frac{2}{5}$倍だから，$6\times\frac{2}{5}=2.4$(cm²)

よって，四角形ＡＢＣＤの面積は，$6+2.4=8.4$(cm²)

⑵　**【解き方】Ｐが動いたあとは右図の太線のようになる。太線のうち，アとイは半径が 1.4 cmのおうぎ形の曲線部分であり，その他は半径が１cmのおうぎ形の曲線部分である。**

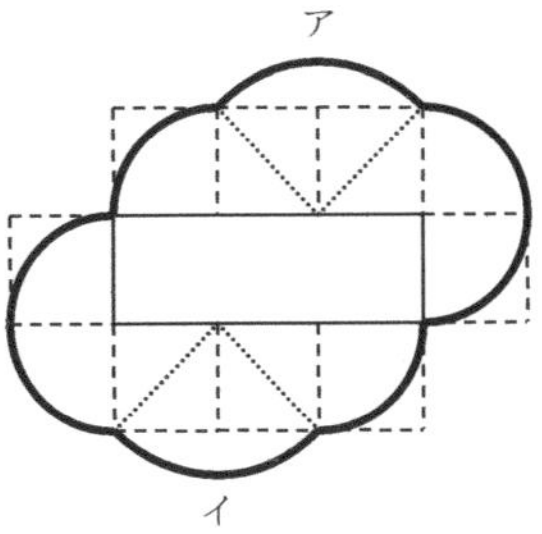

アとイの曲線の中心角はそれぞれ，90°÷２×２＝90°だから，アとイの長さの和は，$1.4\times2\times3.14\times\frac{90°+90°}{360°}=1.4\times3.14$(cm)

アとイ以外の曲線の中心角の合計は，90°×６＝540°だから，その長さの合計は，$1\times2\times3.14\times\frac{540°}{360°}=3\times3.14$(cm)

よって，Ｐが動いた長さは，1.4×3.14＋３×3.14＝(1.4＋３)×3.14＝4.4×3.14＝13.816(cm)

4　⑴　**【解き方】10時から11時までの１時間でＡは50個まで，Ｂは40個まで売ることができる。食材①，②，③それぞれが必要な量を計算する。**

食材①は，Ａ50個を作るために25×50＝1250(ｇ)必要である。食材②は，Ｂ40個を作るために50×40＝2000(ｇ)必要である。食材③は，Ａ50個とＢ40個を作るために10×50＋20×40＝1300(ｇ)必要である。

よって，食材①は，1250÷100＝12余り50より，13袋必要で，食材②は，2000÷150＝13余り50より，14袋必要で，食材③は，1300÷200＝６余り100より，７袋必要である。

⑵　**【解き方】(利益)＝(売り上げ)－(仕入れ値)で計算する。**

Ａ50個とＢ40個の売り上げは，200×50＋300×40＝22000(円)である。仕入れ値は，100×13＋200×14＋300×７＝6200(円)である。よって，利益は，22000－6200＝15800(円)

⑶　Ａ４個とＢ３個の組み合わせを１セットとする。１セットで使う食材③は10×４＋20×３＝100(ｇ)で，１袋の半分だから，２セットを作るとフードロスがなくなる。２セットは，Ａが４×２＝$_{ア}$8(個)とＢが３×２＝$_{イ}$6(個)である。次に，フードロスが出ない最小の組み合わせである２セットをまとめて１グループと考え，３時間の販売で何グループ売れるかを考える。Ａの個数で計算すると，150÷８＝18余り６より，18グループまで，Ｂの個数で計算すると，120÷６＝20(グループ)までとなるので，３時間で18グループまで売ることができる。このとき，Ａは８×18＝$_{ウ}$144(個)，Ｂは６×18＝$_{エ}$108(個)作ることになる。

食材②が余らないのは，Ｂの個数が150÷50＝３の倍数のときで，食材③が余らないのは，Ｂの個数だけで考えると，Ｂの個数が200÷20＝10の倍数のときである。３時間の販売でＢを120個作る場合，120は３と10の公倍数だから，食材②も食材③も余らない。したがって，Ａだけで考えてフードロスを出さないようなＡの最大の個数を求める。食材①が余らないのは，Ａの個数が100÷25＝４の倍数のときで，食材③が余らないのは，Ａの個数が200÷10＝20の倍数のときだから，Ａの個数が４と20の公倍数ならばよい。４と20の最小公倍数は20だから，Ａの個数が20の倍数ならばよく，150(３時間で売れるＡの最大個数)以下で最も大きい20の倍数は140だから，フードロスを出さないようにするためには，Ａは$_{オ}$140個作ればよい。この場合のＡとＢの個数の合計は140＋120＝260(個)となり，ウとエの合計である144＋108＝252(個)よりも多くなることが確認できる。

5　⑴①　**【解き方】それぞれの●が表す数がいくつかを考える。【例１】から，一番右の●は１を，右から２番目の●は２を，右から３番目の●は４を表すとわかる。●が表す数の合計と入力した数が等しくなる。**

６～10を入力すると右図のようになる。

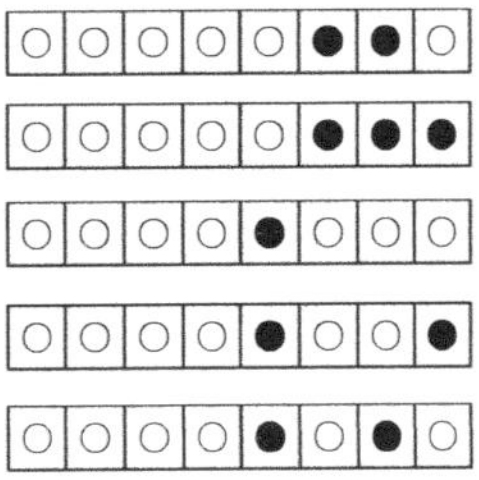

②　**【解き方】●が表す数は，右から左に進むほど２倍になっていることから，この表示は２進法になっているとわかる。**

●が表す数は右から順に，１，２，４，８，８×２＝16，16×２＝32，32×２＝64，64×２＝128となる(右図参照)。

128	64	32	16	8	4	2	1
○	●	○	●	●	●	○	●

よって，②の表示が表す数は，64＋16＋８＋４＋１＝93

③　**【解き方】①，②と同様に，10進法以外の数の表し方をしていると推測する。【例２】において●が１つだけ表示されているところを見ると，一番右の●は１，右から２番目の●は３，右から３番目の●は９を表しているとわかる。また，上の段の●も下の段の●も，同じ列ならば同じ数を表している。１個の●が表す数は，右から左に進むほど３倍になっていることから，この表示は３進法になっているとわかる。**

●が表す数は右から順に，１，３，９，９×３＝27，27×３＝81，81×３＝243となる(右図参照)。よって，③の表示が表す数は，81＋27×２＋３＋１×２＝140

243	81	27	9	3	1
○	○	●	○	○	●
○	●	●	○	●	●

⑵①　**【解き方】残り50問すべて，現在１位のたかしさんと，２位のれいさんだけが正解した場合に，れいさんがたかしさんに勝つためには，得点が何点になればいいかを考える。**

残り50問すべてをたかしさんとれいさんだけが正解すると，たかしさんとれいさんの得点の合計は，51＋44＋50＝145(点)になる。れいさんが必ず勝つためには，145点の半分以上の得点をとればいいので，145÷２＝72余り１より，72＋１＝73(点)とればよい。よって，れいさんはあと73－44＝29(問)正解すれば，優勝が確定する。

②　**【解き方】残り50問すべて，現在１位のたかしさんと，２位のれいさんと，３位のさえこさんだけが正解した場合に，さえこさんが２位以内になるためには，得点が何点になればいいかを考える。**

残り50問すべてをたかしさんとれいさんとさえこさんだけが正解すると，３人の得点の合計は，51＋44＋31＋50＝176(点)になる。さえこさんが必ず２位以内になるためには，176点の$\frac{1}{3}$以上の得点をとればいいので，176÷３＝58余り２より，58＋１＝59(点)とればよい。

よって，さえこさんはあと59－31＝28(問)正解すれば，２位以内が確定する。

■ ご使用にあたってのお願い・ご注意

（1）問題文等の非掲載

著作権上の都合により，問題文や図表などの一部を掲載できない場合があります。

誠に申し訳ございませんが，ご了承くださいますようお願いいたします。

（2）過去問における時事性

過去問題集は，学習指導要領の改訂や社会状況の変化，新たな発見などにより，現在とは異なる表記や解説になっている場合があります。過去問の特性上，出題当時のままで出版していますので，あらかじめご了承ください。

（3）配点

学校等から配点が公表されている場合は，記載しています。公表されていない場合は，記載していません。

独自の予想配点は，出題者の意図と異なる場合があり，お客様が学習するうえで誤った判断をしてしまう恐れがあるため記載していません。

（4）無断複製等の禁止

購入された個人のお客様が，ご家庭でご自身またはご家族の学習のためにコピーをすることは可能ですが，それ以外の目的でコピー，スキャン，転載（ブログ，ＳＮＳなどでの公開を含みます）などをすることは法律により禁止されています。学校や学習塾などで，児童生徒のためにコピーをして使用することも法律により禁止されています。

ご不明な点や，違法な疑いのある行為を確認された場合は，弊社までご連絡ください。

（5）けがに注意

この問題集は針を外して使用します。針を外すときは，けがをしないように注意してください。また，表紙カバーや問題用紙の端で手指を傷つけないように十分注意してください。

（6）正誤

制作には万全を期しておりますが，万が一誤りなどがございましたら，弊社までご連絡ください。

なお，誤りが判明した場合は，弊社ウェブサイトの「ご購入者様のページ」に掲載しておりますので，そちらもご確認ください。

■ お問い合わせ

解答例，解説，印刷，製本など，問題集発行におけるすべての責任は弊社にあります。

ご不明な点がございましたら，弊社ウェブサイトの「お問い合わせ」フォームよりご連絡ください。迅速に対応いたしますが，営業日の都合で回答に数日を要する場合があります。

ご入力いただいたメールアドレス宛に自動返信メールをお送りしています。自動返信メールが届かない場合は，「よくある質問」の「メールの問い合わせに対し返信がありません。」の項目をご確認ください。

また弊社営業日（平日）は，午前９時から午後５時まで，電話でのお問い合わせも受け付けています。

2025春

株式会社教英出版

〒422-8054　静岡県静岡市駿河区南安倍３丁目 12-28

TEL　054-288-2131　　FAX　054-288-2133

URL　https://kyoei-syuppan.net/

MAIL siteform@kyoei-syuppan.net

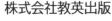

神奈川県

①[県立]相模原中等教育学校
　　　　平塚中等教育学校
②[市立]南高等学校附属中学校
③[市立]横浜サイエンスフロンティア高等学校附属中学校
④[市立]川崎高等学校附属中学校
✿⑤聖光学院中学校
✿⑥浅野中学校
⑦洗足学園中学校
⑧法政大学第二中学校
⑨逗子開成中学校（1次）
⑩逗子開成中学校（2·3次）
⑪神奈川大学附属中学校（第1回）
⑫神奈川大学附属中学校（第2·3回）
⑬栄光学園中学校
⑭フェリス女学院中学校

新潟県

①[県立]村上中等教育学校
　　　　柏崎翔洋中等教育学校
　　　　燕中等教育学校
　　　　津南中等教育学校
　　　　直江津中等教育学校
　　　　佐渡中等教育学校
②[市立]高志中等教育学校
③新潟第一中学校
④新潟明訓中学校

石川県

①[県立]金沢錦丘中学校
②星稜中学校

福井県

①[県立]高志中学校

山梨県

①山梨英和中学校
②山梨学院中学校
③駿台甲府中学校

長野県

①[県立]屋代高等学校附属中学校
　　　　諏訪清陵高等学校附属中学校
②[市立]長野中学校

岐阜県

①岐阜東中学校
②鶯谷中学校
③岐阜聖徳学園大学附属中学校

静岡県

①[国立]静岡大学教育学部附属中学校
　　　　（静岡·島田·浜松）
②[県立]清水南高等学校中等部
　[県立]浜松西高等学校中等部
　[市立]沼津高等学校中等部
③不二聖心女子学院中学校
④日本大学三島中学校
⑤加藤学園暁秀中学校
⑥星陵中学校
⑦東海大学付属静岡翔洋高等学校中等部
⑧静岡サレジオ中学校
⑨静岡英和女学院中学校
⑩静岡雙葉中学校
⑪静岡聖光学院中学校
⑫静岡学園中学校
⑬静岡大成中学校
⑭城南静岡中学校
⑮静岡北中学校
⑯常葉大学附属常葉中学校
　常葉大学附属橘中学校
　常葉大学附属菊川中学校
⑰藤枝明誠中学校
⑱浜松開誠館中学校
⑲静岡県西遠女子学園中学校
⑳浜松日体中学校
㉑浜松学芸中学校

愛知県

①[国立]愛知教育大学附属名古屋中学校
②愛知淑徳中学校
③名古屋経済大学市邨中学校
　名古屋経済大学高蔵中学校
④金城学院中学校
⑤椙山女学園中学校
⑥東海中学校
⑦南山中学校男子部
⑧南山中学校女子部
⑨聖霊中学校
⑩滝中学校
⑪名古屋中学校
⑫大成中学校
⑬愛知中学校
⑭星城中学校
⑮名古屋葵大学中学校
　（名古屋女子大学中学校）
⑯愛知工業大学名電中学校
⑰海陽中等教育学校（特別給費生）
⑱海陽中等教育学校（I·II）
⑲中部大学春日丘中学校
新刊⑳名古屋国際中学校

三重県

①[国立]三重大学教育学部附属中学校
②暁中学校
③海星中学校
④四日市メリノール学院中学校
⑤高田中学校
⑥セントヨゼフ女子学園中学校
⑦三重中学校
⑧皇學館中学校
⑨鈴鹿中等教育学校
⑩津田学園中学校

滋賀県

①[国立]滋賀大学教育学部附属中学校
②[県立]河瀬中学校
　　　　守山中学校
　　　　水口東中学校

京都府

①[国立]京都教育大学附属桃山中学校
②[府立]洛北高等学校附属中学校
③[府立]園部高等学校附属中学校
④[府立]福知山高等学校附属中学校
⑤[府立]南陽高等学校附属中学校
⑥[市立]西京高等学校附属中学校
⑦同志社中学校
⑧洛星中学校
⑨洛南高等学校附属中学校
⑩立命館中学校
⑪同志社国際中学校
⑫同志社女子中学校（前期日程）
⑬同志社女子中学校（後期日程）

大阪府

①[国立]大阪教育大学附属天王寺中学校
②[国立]大阪教育大学附属平野中学校
③[国立]大阪教育大学附属池田中学校

④[府立]富田林中学校
⑤[府立]咲くやこの花中学校
⑥[府立]水都国際中学校
⑦清風中学校
⑧高槻中学校（A日程）
⑨高槻中学校（B日程）
⑩明星中学校
⑪大阪女学院中学校
⑫大谷中学校
⑬四天王寺中学校
⑭帝塚山学院中学校
⑮大阪国際中学校
⑯大阪桐蔭中学校
⑰開明中学校
⑱関西大学第一中学校
⑲近畿大学附属中学校
⑳金蘭千里中学校
㉑金光八尾中学校
㉒清風南海中学校
㉓帝塚山学院泉ヶ丘中学校
㉔同志社香里中学校
㉕初芝立命館中学校
㉖関西大学中等部
㉗大阪星光学院中学校

兵庫県

①[国立]神戸大学附属中等教育学校
②[県立]兵庫県立大学附属中学校
③雲雀丘学園中学校
④関西学院中学部
⑤神戸女学院中学部
⑥甲陽学院中学校
⑦甲南中学校
⑧甲南女子中学校
⑨灘中学校
⑩親和中学校
⑪神戸海星女子学院中学校
⑫滝川中学校
⑬啓明学院中学校
⑭三田学園中学校
⑮淳心学院中学校
⑯仁川学院中学校
⑰六甲学院中学校
⑱須磨学園中学校（第1回入試）
⑲須磨学園中学校（第2回入試）
⑳須磨学園中学校（第3回入試）
㉑白陵中学校
㉒夙川中学校

奈良県

①[国立]奈良女子大学附属中等教育学校
②[国立]奈良教育大学附属中学校
③[県立]国際中学校
青翔中学校
④[市立]一条高等学校附属中学校
⑤帝塚山中学校
⑥東大寺学園中学校
⑦奈良学園中学校
⑧西大和学園中学校

和歌山県

①[県立]古佐田丘中学校
向陽中学校
桐蔭中学校
日高高等学校附属中学校
田辺中学校
②智辯学園和歌山中学校
③近畿大学附属和歌山中学校
④開智中学校

岡山県

①[県立]岡山操山中学校
②[県立]倉敷天城中学校
③[県立]岡山大安寺中等教育学校
④[県立]津山中学校
⑤岡山中学校
⑥清心中学校
⑦岡山白陵中学校
⑧金光学園中学校
⑨就実中学校
⑩岡山理科大学附属中学校
⑪山陽学園中学校

広島県

①[国立]広島大学附属中学校
②[国立]広島大学附属福山中学校
③[県立]広島中学校
④[県立]三次中学校
⑤[県立]広島叡智学園中学校
⑥[市立]広島中等教育学校
⑦[市立]福山中学校
⑧広島学院中学校
⑨広島女学院中学校
⑩修道中学校
⑪崇徳中学校
⑫比治山女子中学校
⑬福山暁の星女子中学校
⑭安田女子中学校
⑮広島なぎさ中学校
⑯広島城北中学校
⑰近畿大学附属広島中学校福山校
⑱盈進中学校
⑲如水館中学校
⑳ノートルダム清心中学校
㉑銀河学院中学校
㉒近畿大学附属広島中学校東広島校
㉓AICJ中学校
㉔広島国際学院中学校
㉕広島修道大学ひろしま協創中学校

山口県

①[県立]下関中等教育学校
高森みどり中学校
②野田学園中学校

徳島県

①[県立]富岡東中学校
川島中学校
城ノ内中等教育学校
②徳島文理中学校

香川県

①大手前丸亀中学校
②香川誠陵中学校

愛媛県

①[県立]今治東中等教育学校
松山西中等教育学校
②愛光中学校
③済美平成中等教育学校
④新田青雲中等教育学校

高知県

①[県立]安芸中学校
高知国際中学校
中村中学校

福岡県

① [国立] 福岡教育大学附属中学校（福岡・小倉・久留米）

② [県立]
- 育徳館中学校
- 門司学園中学校
- 宗像中学校
- 嘉穂高等学校附属中学校
- 輝翔館中等教育学校

③西南学院中学校
④上智福岡中学校
⑤福岡女学院中学校
⑥福岡雙葉中学校
⑦照曜館中学校
⑧筑紫女学園中学校
⑨敬愛中学校
⑩久留米大学附設中学校
⑪飯塚日新館中学校
⑫明治学園中学校
⑬小倉日新館中学校
⑭久留米信愛中学校
⑮中村学園女子中学校
⑯福岡大学附属大濠中学校
⑰筑陽学園中学校
⑱九州国際大学付属中学校
⑲博多女子中学校
⑳東福岡自彊館中学校
㉑八女学院中学校

佐賀県

① [県立]
- 香楠中学校
- 致遠館中学校
- 唐津東中学校
- 武雄青陵中学校

②弘学館中学校
③東明館中学校
④佐賀清和中学校
⑤成穎中学校
⑥早稲田佐賀中学校

長崎県

① [県立]
- 長崎東中学校
- 佐世保北中学校
- 諫早高等学校附属中学校

②青雲中学校
③長崎南山中学校
④長崎日本大学中学校
⑤海星中学校

熊本県

① [県立]
- 玉名高等学校附属中学校
- 宇土中学校
- 八代中学校

②真和中学校
③九州学院中学校
④ルーテル学院中学校
⑤熊本信愛女学院中学校
⑥熊本マリスト学園中学校
⑦熊本学園大学付属中学校

大分県

①[県立]大分豊府中学校
②岩田中学校

宮崎県

①[県立]五ヶ瀬中等教育学校

② [県立]
- 宮崎西高等学校附属中学校
- 都城泉ヶ丘高等学校附属中学校

③宮崎日本大学中学校
④日向学院中学校
⑤宮崎第一中学校

鹿児島県

①[県立]楠隼中学校
②[市立]鹿児島玉龍中学校
③鹿児島修学館中学校
④ラ・サール中学校
⑤志學館中等部

沖縄県

① [県立]
- 与勝緑が丘中学校
- 開邦中学校
- 球陽中学校
- 名護高等学校附属桜中学校

もっと過去問シリーズ

北海道

北嶺中学校
7年分(算数・理科・社会)

静岡県

静岡大学教育学部附属中学校
(静岡·島田·浜松)
10年分(算数)

愛知県

愛知淑徳中学校
7年分(算数・理科・社会)
東海中学校
7年分(算数・理科・社会)
南山中学校男子部
7年分(算数・理科・社会)
南山中学校女子部
7年分(算数・理科・社会)
滝中学校
7年分(算数・理科・社会)
名古屋中学校
7年分(算数・理科・社会)

岡山県

岡山白陵中学校
7年分(算数・理科)

広島県

広島大学附属中学校
7年分(算数・理科・社会)
広島大学附属福山中学校
7年分(算数・理科・社会)
広島学院中学校
7年分(算数・理科・社会)
広島女学院中学校
7年分(算数・理科・社会)
修道中学校
7年分(算数・理科・社会)
ノートルダム清心中学校
7年分(算数・理科・社会)

愛媛県

愛光中学校
7年分(算数・理科・社会)

福岡県

福岡教育大学附属中学校
(福岡·小倉·久留米)
7年分(算数・理科・社会)
西南学院中学校
7年分(算数・理科・社会)
久留米大学附設中学校
7年分(算数・理科・社会)
福岡大学附属大濠中学校
7年分(算数・理科・社会)

佐賀県

早稲田佐賀中学校
7年分(算数・理科・社会)

長崎県

青雲中学校
7年分(算数・理科・社会)

鹿児島県

ラ·サール中学校
7年分(算数・理科・社会)

※もっと過去問シリーズは
国語の収録はありません。

教英出版

〒422-8054
静岡県静岡市駿河区南安倍3丁目12−28
TEL 054-288-2131
FAX 054-288-2133
詳しくは教英出版で検索
教英出版　検索
URL https://kyoei-syuppan.net/

令和６年度

海星中学校入学試験問題

－ 前期 －

国　語

（100 点 50 分）

（注意事項）

1．試験開始の合図があるまで，問題冊子の中を見てはいけません。
2．問題は，12 ページまであります。
3．問題冊子や解答用紙の印刷が見にくいときや，試験中にページのぬけ落ちなどに気付いた場合は，手をあげて先生に知らせなさい。
4．試験開始の合図で解答用紙の受験番号のらんに受験番号をはっきりと記入しなさい。
5．解答は，すべて解答用紙に記入しなさい。
6．えんぴつまたはシャープペンシルを使用しなさい。
7．試験終了の合図で筆記用具をおき，解答用紙を集め終わるまで席に着いていなさい。
8．問題冊子は持ち帰ってよろしい。

2024(R6) 海星中
K 教英出版

1 次の【文章Ⅰ】【文章Ⅱ】を読んで、あとの各問いに答えなさい。

【文章Ⅰ】

(注)語彙《ごい》とは、主に活字で鍛《きた》えられるものです。大切なのは、活字による(注)インプットの機会を、どれだけ日常のなかに取り込むか。この「日常の中に」という点が、継続《けいぞく》的に語彙を増やすポイントになります。

日常的に漫画《まんが》を読むし、インターネットを見ているから大丈夫？ たしかに漫画もインターネットも(注)「活字メディア」ではあります。しかし、なんといってもまずは、本。最近はレベルの高い(注)ブログも増えてきましたが、まだまだ本のほうが、語彙が豊富で表現力に長けた書き手が多く存在しています。知識としての語彙を得るだけでなく、書き手の思考や教養を反映する質の高い文章、リズムや言い回しまで含《ふく》めたハイレベルな文章を求めるのであれば、本に勝る(a)メディアはありません。

相撲《すもう》の世界には①「三年先の稽古《けいこ》」という言葉があります。

本を読む習慣が、半年後、1年後、5年後の語彙をつくり、あなたをつくっていくのです。なんとなくSNSを見ようとする手を止め、オフラインの読書に切り替《か》えましょう。

たとえば、電車に乗ったらカバンから本を取り出す。カフェに入ったらまず本を開く。夜寝《ね》る前には必ず読書の時間をとる。

②こうした生活を意識的に送ることは、毎日5キロ、10キロ走るようなものです。継続することで知的体力がじわじわとついていき、頭を使い続けてもあまり疲《つか》れなくなっていく。語彙が増えていくのと同時に、「思考の底力」がつくのです。まさに語彙トレ、ですね。

一方、最近本を読んだ記憶《きおく》がない人は、明らかに「体力不足」。500メートルも走ったらもうへろへろになってしまうのと同じで、少し頭を使ったらすぐに疲れてしまうでしょう。普段から鍛えていないのに突然《とつぜん》マラソンに出て結果を出そうと思っても、そうは問屋《とんや》が卸《おろ》しません。

そうは言っても、本を読む時間がない？ たしかに、最近の大学生も授業にバイトにサークルに、さらにはキギョウ(b)への(注)インターンなど大人顔負けの忙《いそが》しさで、なかなか読書の時間を確保できないという声をよく耳にします。いわんや社会人をや、でしょう。

［A］、これはあくまで習慣の問題。私は毎春、入学したばかりの大学1年生に③「毎週、新書を3冊ずつ読んできてください。その内容

について発表してもらいます」と告げるんですね。はじめはみんな「無理！」という顔をしつつも、なんとか時間をやりくりして読んできます。やらないと、自分だけ発表するものがなくなってしまいますから。それを３ヶ月くらい続けると学生にもだいぶ余裕《よゆう》が見えてくるので、ノルマ(注)を３冊から５冊に増やします。

[B]、がっぷり四つに組んで読んでいてはさすがに時間が足りない週もあるので、④積極的に「読書の効率化」を図ろうとするわけです。「新書は、最初の一文字目から最後の一文字まで丁寧《ていねい》に読まなくても内容を理解できる」とか、「こういう部分に大切なことが書かれている傾向《けいこう》がある」という読み方を編《あ》み出す学生まで出てきます。その技術は、その後の人生において相当役に立つはずです。

忙しく働いている方だと、いきなり「週に３冊」は難しいかもしれません。けれど、大切なのは「読書の習慣」を持つこと。自分にノルマを c カしてそれを着実に遂行《すいこう》できるマネジメント(注)能力さえあれば、あっという間に１週間に２冊、３冊と読めるようにもなるでしょう。

（齋藤孝『語彙力こそが教養である』ＫＡＤＯＫＡＷＡより　一部改）

（注）・語彙……ここでは、個人が持っている単語の多さのこと。
・インプット……新しい情報を身につけること。
・活字メディア……印刷された文字によって情報を発信するもの。
・ブログ……個人がウェブ上に文章を発信するサービス。
・ＳＮＳ……ウェブ上で登録者同士が交流できるサービス。
・インターン……実際に職場を体験するプログラム。
・ノルマ……達成しなければいけない目標。
・マネジメント……管理し・取り仕切ること。

【文章Ⅱ】

本は、何通りもの解釈《かいしゃく》が成り立つ場合があります。それどころか、著者[d]が思いもよらない解釈ができる場合もある。著者が自分で、なにを書いているかわかっていない場合もある。これは、本を何冊も読んでいるうちに、なんとなくわかってきます。

文学は、何通りもの解釈が成り立つ本の代表格です。

たとえば、シェイクスピアが書いた『ハムレット』という(注)戯曲《ぎきょく》がある。「生きるべきか死ぬべきか、それが問題だ」のセリフで有名な古典の名作です。

［C］『ハムレット』は何について描いた作品なのか？　実は、解釈がひとつに決まっていない。いろんな人がいろんな解釈をしていて、何通りもの「ハムレット論」があるんです。

じゃあ当のシェイクスピアはどう考えていたか？　彼《かれ》が生きていたら聞いてみたい。

聞いてはみたいが、それでも解決にならないかもしれない。なぜなら作品は、いったん世に出たら作者の手を離《はな》れ、作者の意図[⑤]とは無関係に、作品を受け止める人びとのものとなるからです。受け止める人びとの数だけ、解釈が成り立つ。

読解力が大事というと、ひと通りの「正解」があるみたいに思うかもしれない。でも、そうではないんです。

本の学びを深めるために大事なのは、正解はなんだろうか、でなく、自分はどう読むか。そして、ひとはどう読むだろうかと、ほかの解釈に関心を持ち、それを突き合わせることです。ほかの読み方に触《ふ》れると、そうか、自分の読み方と違《ちが》うのか、と軌道《きどう》修正することもある。なるほど、そういう視点を加えることもできるのかと、自分の読み方がハッテン[e]することもある。

こういう試行錯誤《しこうさくご》の繰《く》り返しが、本の学びを深めることなのです。

その昔、「学び」とは、［　　D　　］でした。

大工に弟子入りして、カンナのかけ方を学ぶ。染物《そめもの》職人に弟子入りして、藍《あい》の扱《あつか》い方を学ぶ。料理人に弟子入りして、串《くし》打ちを学ぶ。

(注)徒弟《とてい》制で、(注)熟練した親方から技術を教えてもらうのが、「学び」だった。

でもこれだと、親方が知っていることしか学べません。
一生懸命《けんめい》に修行すれば、親方のようにはなれるかもしれない。でも、それ以上や、それ以外にはなれない。「学び」が人間関係と結びついていて、親方に弟子入りしたとたんに選択肢《せんたくし》が限りなく狭《せば》まってしまう。
こうした、「学び」と人間関係の結びつきを断ち切ったのが、本でした。
ある技術を習得したいとする。その技術に熟達した親方が死んでしまっても、本に書き残されていれば、学ぶことができる。自分が知りたいことを教えてくれる人が身近にいなくても、本があれば、学ぶことができる。
⑥本による学びの可能性は、制限なく開かれているのです。

（橋爪大三郎『人間にとって教養とはなにか』より　一部改）

（注）・戯曲　……　演劇の台本。またはそのような形式で書いた文芸作品。
・徒弟制　……　腕のいい人の弟子となり技術を伝達してもらう制度のこと。
・熟練　……　よく慣れていて、上手なこと。（「熟達」も同じ意味です）

問1　本文中の波線部a～eの漢字の読みをひらがなで答え、カタカナを漢字に直しなさい。

問2　本文中の空らんA～C入る語として、ふさわしいものを次のア～オの中から一つずつ選び、記号で答えなさい。
ア　さて　イ　つまり　ウ　だから　エ　ところが　オ　すると

問3　ぼう線部①「三年先の稽古」とはどのような意味か。次の空らんに当てはまる形で、自分の言葉で二十五字以内で答えなさい。

［　　　　］が大切だということ。

問4　ぼう線部②「こうした生活を……ようなものです」に使われている表現技法を次の中ア～エの中から一つ選び、記号で答えなさい。

ア　比喩《ひゆ》　　イ　倒置《とうち》法　　ウ　反復法　　エ　体言止《たいげんど》め

問5　ぼう線部③「毎週、新書を3冊ずつ読んできてください」と筆者が学生に言ったのはなぜか。本文中の言葉を使って、三十字以内で答えなさい。

問6　ぼう線部④「積極的」の反対の意味の言葉を、漢字三字で答えなさい。

問7　ぼう線部⑤「意図」について、次の問いに答えなさい。

（1）「意図」の読みをひらがなで答えなさい。

（2）「意図」の意味として最も適当なものを、次のア～エの中から一つ選び、記号で答えなさい。

ア　ねらい　　イ　背景　　ウ　解釈　　エ　正解

問8　本文中の空らんDに入る言葉として最も適当なものを、次のア～エの中から一つ選び、記号で答えなさい。

ア　本を読むこと　　イ　人から学ぶこと　　ウ　一生懸命に修行すること　　エ　思考力を高めること

問9　次のア〜オは、ぼう線部⑥「本による学びの可能性は……のです」について、生徒Ａ〜Ｅが話し合っている場面です。【文章Ⅰ】【文章Ⅱ】の内容から考えてふさわしくないものを一つ選び、記号で答えなさい。

ア　（生徒Ａ）「本による学びの可能性」についてよく理解できたよ。それに【文章Ⅰ】も【文章Ⅱ】も、本を読むことで得られるものが書かれていて参考になるね。

イ　（生徒Ｂ）そうだね。そういえば僕は毎日寝る前に日記をつけることにしているけど、読書をするようになってからは使える表現が増えた気がするよ。

ウ　（生徒Ｃ）それは良いね。私は性格的に自分の考えにこだわりすぎてしまうところがあるから、たくさん本を読んで、自分とは違う考え方を知りたいと思ったわ。

エ　（生徒Ｄ）僕は幼い頃から習いごとをしているんだけど、教えてもらった後に先生の書いた本を読むと、よりしっかりと身についているように感じるよ。

オ　（生徒Ｅ）なるほどね。みんなの話を聞いて、私もスマホを何となく見ている時間のかわりに、読書を始めてみようと思ったわ。そうしたらきっと語彙力もつくよね。

(3)　下の図のような，立方体から一部を切り取った立体の体積を求めなさい。
ただし，円周率は 3.14 とします。

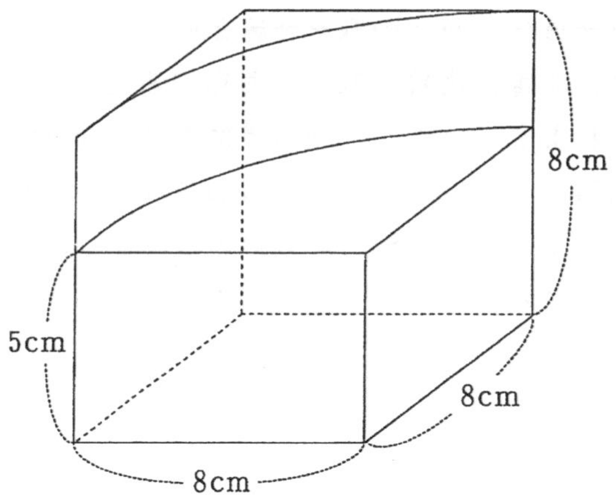

4 海星中学・高等学校には海外の学校へ留学することができる制度があります。留学を予定しているななこさんは，留学する国がどこにあるのか調べるために地球儀《ぎ》を見ています。すると東西，南北にそれぞれ線がひかれていることに気づきました。これらの線は地球上での位置をはっきり示すためにひかれたものであり，東西の線を緯《い》線，南北の線を経線といいます。

地球上の位置は，北緯，南緯，東経，西経の組とそのときの角度，すなわち緯度と経度で表されます。ただし，地球儀は直径が 60cm の完全な球体であるとし，円周率は3.14とします。また，緯度は図1のようにそれぞれ90° まで，経度は図 2 のようにそれぞれ 180° まで測るものとし，北極点は北緯 90° ，南極点は南緯 90° で表されるものとします。あとの各問いに答えなさい。

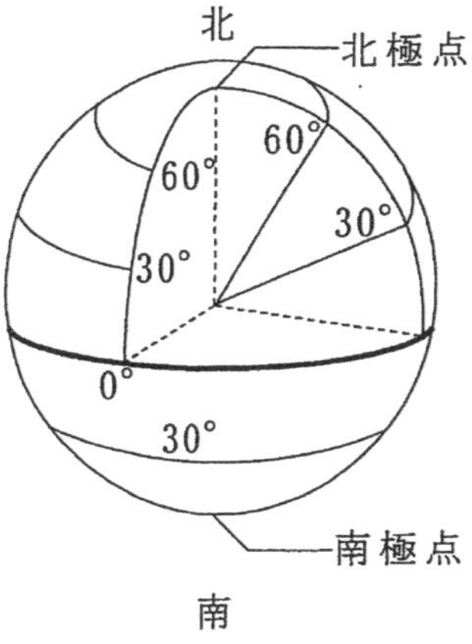

図 1　緯度の測り方

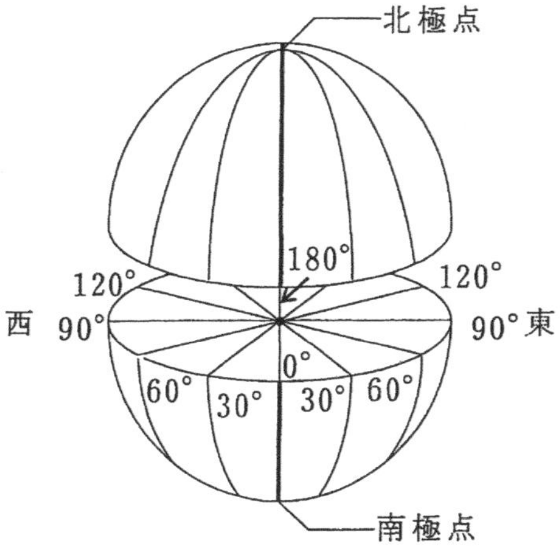

図 2　経度の測り方

(1) 海星中学・高等学校の地点を A とします。地点 A は(北緯 35° ，東経 136°)，すなわち図 1 で北向きに 35° ，図 2 で東向きに 136° 測ったところにあります。ここから経線にそって真南に 90° 移動した先の地点を，解答用紙の空らんにあてはまるように答えなさい。

(2)　地点 A から緯線にそって経度が大きくなる向きに 60° 移動した先の地点を，(1)と同じように答えなさい。

(3)　地球の中心に関して地点 A と対称の位置にある地点 B を，(1)と同じように答えなさい。

(4)　図 3 のように，南極点から経度 0° の経線にそって赤道まで北上し，次に赤道にそって東経 90° まで東に向かい，さらに東経 90° の経線にそって北極点まで，地球儀の表面にそって移動することを考えます。このときの移動きょりは何 cm ですか。ただし，赤道とは緯度 0° の緯線のことをいいます。

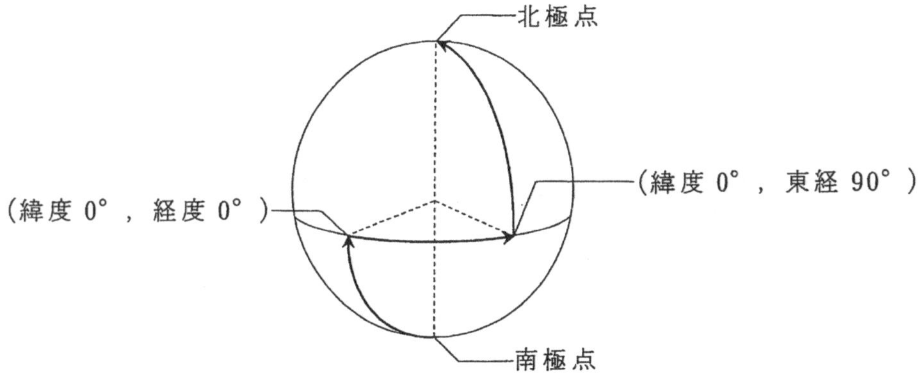

図 3

(5)　南極点から(3)で求めた地点 B，地点 A を通り，北極点まで，地球儀の表面にそって移動することを考えます。移動きょりがもっとも短くなるとき，このきょりは何 cm ですか。ただし，小数第 2 位を四捨五入して小数第 1 位まで求めなさい。

5　まさしさんは小学校のある日の算数の授業で先生から下のような問題とヒントを与えられました。1 人で考えるのが難しかったので，高校生のお兄さんに協力してもらって考えることにしました。[ヒント 2]の下の文は，まさしさんとお兄さんの会話の一部です。これを読んで，あとの各問いに答えなさい。

[問題]

5 個の数 1，2，3，4，5 をくりかえし使ってできる 3 けたの整数のうち，3 の倍数は何個ありますか。ただし，次の 2 つのヒントを使って解いてもよいものとします。

[ヒント 1]

各位の数の和が 3 の倍数である整数もまた 3 の倍数となるという特ちょうがあります。

[ヒント 2]

整数は 3 で割ったあまりによって 3 つのグループに分けることができます。

まさし：お兄ちゃん，このヒントの意味を教えてよ。ぼく一人では難しいんだ。

兄：どれどれ，う～ん。[ヒント 1]から考えてみようか。例えば 12345 だったら1＋2＋3＋4＋5を，832615 だったら8＋3＋2＋6＋1＋5を計算してみるんだよ。それぞれ 15 と25になるよね。15 は 3 の倍数で，25 は 3 の倍数でない。だから 12345 は 3 の倍数で，832615 は 3の倍数でないことがわかるんだよ。直接計算しなくてもわかるからすごいだろう？

まさし：うん，すごいし面白いね。小さい数なら 3 で割って確かめるのも簡単だけど，大きい数になると割り算するのも大変だ！たし算を使って小さな数で確かめることができるから便利な方法だね。

兄：そういうこと。じゃあ次に[ヒント 2]の意味を教えるよ。例えば 1 からはじめて 3ずつとばして 1，4，7，10，・・・という数を集めると，これらは 3 で割ったときのあまりが 1 であるグループになっているよね？このようにして，3で割り切れる数のグループ<0>と，3 で割ってあまりが 1 であるグループ<1>と，3 で割ってあまりが 2 であるグループ<2>の 3 つに分けられるということだよ。

まさし：へぇ～，奇数と偶数に分けることができるのは習ったけど，他にもいろいろな分け方があるんだね。

兄：ヒントについては意味がわかったみたいだね。じゃあ[問題]を考えてみよう。普通に解こうとすると，5個の数1，2，3，4，5をくりかえし使ってできる3けたの整数は あ 個もあるから全部調べるのは大変だね。2つのヒントをうまく利用して考えてみよう。

まさし：う～ん，そう言われてもうまく考えられないなあ。

兄：この問題も，[ヒント 1]を利用すると一の位，十の位，百の位の数の和が3の倍数となるようにすればいいのはわかったでしょ？

まさし：それはわかったんだけど，選び方の工夫をどうすればよいかわからないんだ。

兄：さっきの3つのグループを使ってみようよ。1，2，3，4，5がどのグループに入るか分ける。次に(い)<0>，<1>，<2>からあわせて3個の数を選んでその和が3の倍数となるようにする方法を考えればいいだろう？例えば<1>から3個の数を選ぶと，あまり1の数を3個あわせることになるから，和は3の倍数になるよね。どんな数を取り出すかによって，できる3けたの数はいろいろあるけど・・・

(1) 次の**ア**～**オ**のうち，3の倍数である整数をすべて選び，記号で答えなさい。

ア 124　　**イ** 386
ウ 7449　　**エ** 1212121
オ 20240106

(2) 2人の会話文中の あ に入る数を求めなさい。

(3) 下線部(い)について，このような方法は他にも考えられます。2人の会話文中の「<1>から3個の数を選ぶ」以外の方法で，3個の数の和が3の倍数となるような方法を3つあげなさい。ただし，どのグループから何個の数を選ぶかに注目して答えなさい。

(4) [問題]の答えを求めなさい。

問題は以上です。

問 1　What did Flora do last summer?

① She stayed in a hotel.
② She grew sunflowers in the garden.
③ She went to her grandmother's house.
④ She saw a beautiful sea.

問 2　What did Flora enjoy doing with her grandmother?

① Gardening.
② Giving water to the flowers.
③ Talking in the parking space.
④ Having a barbeque.

問 3　What did Flora's grandmother say to Flora?

① All sunflowers always look to the east after blooming.
② She will visit Flora's house next summer.
③ Her sunflowers were in front of the parking.
④ The backs of sunflowers were also beautiful.

問 4　Where is the parking space on the map?

① A
② B
③ C
④ D

問 5　What do young sunflowers do before blooming?

① Face Flora's grandmother's house.
② Always face the sun.
③ Turn west in the morning.
④ Look to the east all day long.

問題は以上です。

6 次の英文を読み，その内容に関してあとの問いに答えなさい。

Last summer, Flora visited her grandmother. She stayed there for one week. Flora's grandmother loved flowers. She had many sunflowers in the garden. Flora thought they were very beautiful.

One day, Flora and her grandmother enjoyed a barbeque outside in the yard. Flora looked at the sunflowers in the garden. All the sunflowers were *facing the parking space. She asked her grandmother, "Why do all the sunflowers face that way? I can only see the *back of the sunflowers from here." Her grandmother answered, "Oh, that's a good question, Flora. After *blooming, sunflowers always face the east.

Flora was surprised. She said, "I didn't know that. It's interesting!" Her grandmother said, "Also, before blooming, young sunflowers face the sun all day long; They look to the east in the morning, and turn west in the evening." Flora was surprised again.

注） *face ～の方を向く　　*back 後ろ側　　*blooming 開花

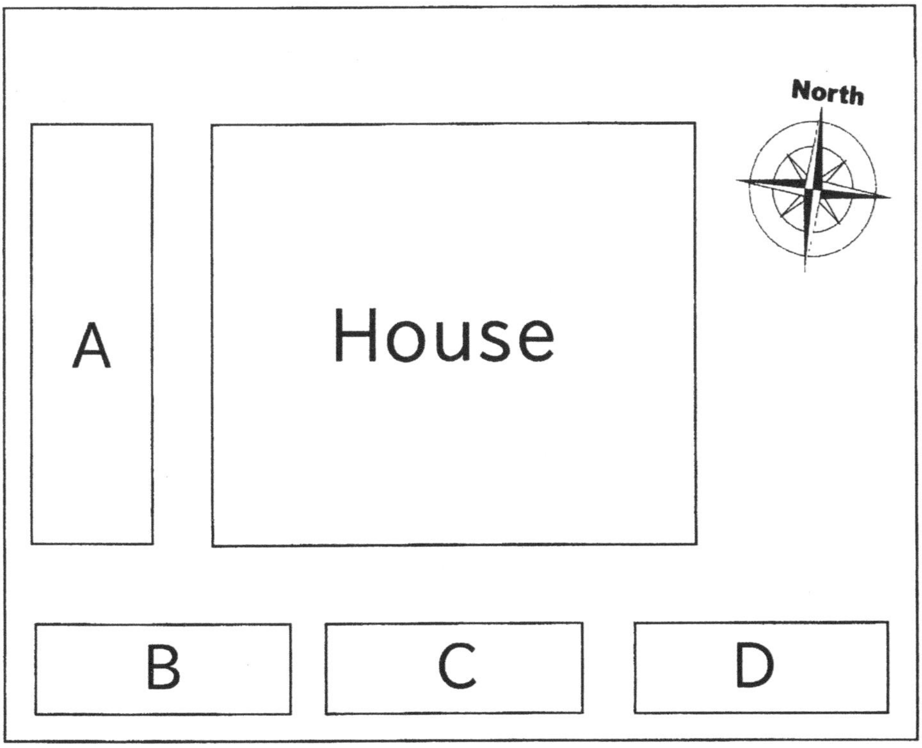

問 1　John and Naoki are probably going to study together on (　　　　　).

① Monday morning
② Saturday morning
③ Sunday afternoon
④ Friday afternoon

問 2　John doesn't think the library is a good place to study this time because (　　　　　).

① they can't talk there
② they can't drink there
③ it will be closed
④ it is the best place to study

問 3　After they study together, John and Naoki will probably (　　　　　) together.

① take the test at school
② go home
③ have dinner
④ go shopping

5　次のＥメールの内容に関する問１～問３の文を完成させるのに最も適当な表現を，あとの①～④の中から１つ選び記号で答えなさい。

From: Naoki Sato
To: John Morgan
Date: January 24, Thursday
Subject: English test

Hi, John,
I'm writing to you because I really need your help. I'm going to have an English test next Monday. But I didn't go to school this week because I was sick in bed. I am studying for the test now, but I have so many questions. If you are free, can you help me with English this weekend? Your house is near the city library. How about studying there? It's the best place to *focus. What do you think?

Thanks,
Naoki

From: John Morgan
To: Naoki Sato
Date: January 25, Friday
Subject: RE: English test

Hi, Naoki,
Thank you for the e-mail. Of course I can help you, but I am going to *cram school on Saturday and Sunday morning. If you are free, let's study together in the afternoon. Please bring your English textbook with you.
The library is a good place to study, but we can't talk there because we have to be quiet. *Instead, why don't we study at my house. We can talk while we study. Also, my mother says she will make dinner for us. Let's enjoy eating it together after studying.

Talk soon,
John

注）　*focus　集中する　　*cram school　塾　　*instead　代わりに

4　次のお知らせの内容に関して,その内容に合うように質問の答えとして最も適当なものをあとの①～④の中から1つ選び記号で答えなさい。

1 Day Free Travel Pass

You can take any bus and train in the city anytime during the day!

Type	**1-day pass**
Area	**City Bus and Train**
Price	**¥900 for adults**
	¥400 for children (under 18 years old)

Comments

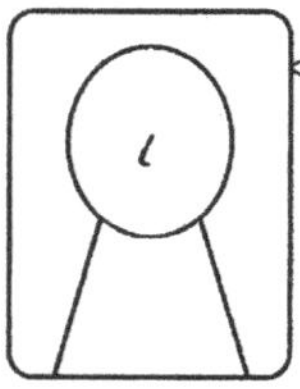

Kim

I bought tickets for me and my 10-year-old son last month. You can only get these tickets online, but it is easy. We took buses and went to old temples.

問 1　How much did Kim pay for his and his son's tickets?

① ¥800.
② ¥900.
③ ¥1,300.
④ ¥1,800.

問 2　What do we learn from Kim's comments?

① He visited old temples alone.
② He went to a shop and bought tickets.
③ He has a child.
④ He took buses and trains.

4 カイトさんは，ウサギとハトが運動する様子を観察し，さらに，からだのつくりについて調べ，その結果を以下の観察結果まとめシートにまとめました。あとの各問いに答えなさい。

観察結果まとめシート

≪タイトル≫　ウサギとハトの運動のようすとからだのつくり

〈方法〉

① 学校で飼育しているウサギと，校庭にいるハトの運動のようすを観察した。
② ウサギやハトのからだのつくりについて，インターネットで調べた。

〈結果〉

ウサギ	ハト
後ろあしで地面をけって，飛びはねるような動きをしていた。	前あしがつばさになっており，羽ばたかせて空を飛んでいた。

〈調べたこと〉

ウサギ…足の筋肉が大きい。

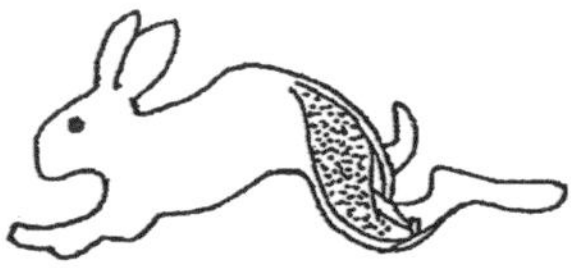

ハト…胸の筋肉がとても大きい。

〈考えたこと〉

X

問１　動物のからだのつくりに関する次の文章を読み，空らん（　①　）～（　③　）にあてはまる語句を答えなさい。

（　①　）は（　②　）とくっついており，その部分を（　③　）という。
動物のからだは，（　①　）がゆるんだり縮んだりすることによって動く。

問２　観察結果まとめシートの〈考えたこと〉［　Ｘ　］にあてはまるものとして正しいものを，次のア～エの中から１つ選び，記号で答えなさい。

ア　動物のからだはそれぞれの生活に合わせたつくりになっていると考えられる。
イ　動物のからだは筋肉がないと考えられる。
ウ　動物のからだはヒトの体に合わせたつくりになっていると考えられる。
エ　動物のからだは骨がないと考えられる。

問３　からだにはいろいろな役割をもった骨があります。人のからだの骨を例にあげ，どのような役割をもった骨があるのか答えなさい。

5　植物の養分と水の通り道について，以下の文Ⅰ，Ⅱを読み，あとの各問いに答えなさい。

Ⅰ　リサさんは植物が根から取り入れた水はどこに行くかを調べるために実験①を行い，下の実験ノートをまとめました。これについて，以下の問いに答えなさい。

実験①　植物が根から吸い上げた水のゆくえを調べる

〈方法〉

① 葉をつけたままのホウセンカと，葉を取り除いてくきだけにしたホウセンカをそれぞれビニールぶくろでおおい，口を輪ゴムで閉めた。

② しばらくしてからふくろの中のようすを観察した。

葉をつけたままの
ホウセンカ

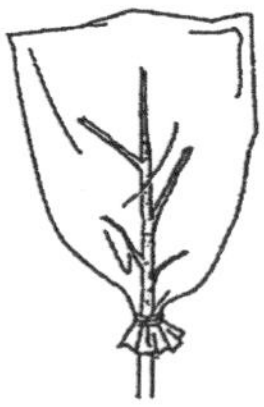

くきだけにした
ホウセンカ

〈結果〉

・葉をつけたままのホウセンカ　：　（　A　）

・くきだけにしたホウセンカ　：　（　B　）

〈わかったこと〉

・根から吸い上げた水は（　C　）として葉やくきから出ていく。

・（　D　）よりも（　E　）の方がより多くの水が出ていく。

問１　実験を行うのは「晴れの日」がよいか，「雨の日」がよいか，適切な方を選びなさい。また，その理由を答えなさい。

問２　実験ノートの〈結果〉の空らん（　A　），（　B　）のそれぞれについて予想される実験結果を，次のア～エの中から１つずつ選び，記号で答えなさい。

ア　ふくろの内側には水てきがつかなかった。
イ　ふくろの内側には少しの水てきがついた。
ウ　ふくろの内側にはたくさんの水てきがついた。
エ　ふくろの外側にはたくさんの水てきがついた。

問３　実験ノートの〈わかったこと〉としてまとめられている文中の空らん（　C　），（　D　），（　E　）にあてはまる語句を答えなさい。

問４　実験①で観察された現象は，植物の何というはたらきなのか答えなさい。

Ⅱ　リサさんは，問４で答えた植物のはたらきについてくわしく調べるために，さらに実験②を行い，下の実験ノートをまとめました。これについて，あとの問いに答えなさい。

実験②　水が葉やくきから出ていく様子を観察する

〈方法〉

① メスシリンダーに水を入れ，ホウセンカをさした。ただし，ホウセンカには次のような処理を行った。なお，いずれのメスシリンダーも水面に油を入れ，水面からの水の蒸発を防いだ。

メスシリンダー	試験管に入れたホウセンカ
a	そのまま入れた
b	葉を取り除いてくきだけにした
c	葉の表側にワセリンをぬった
d	葉の裏側にワセリンをぬった

＊ワセリンをぬったところからは水は蒸発できない。

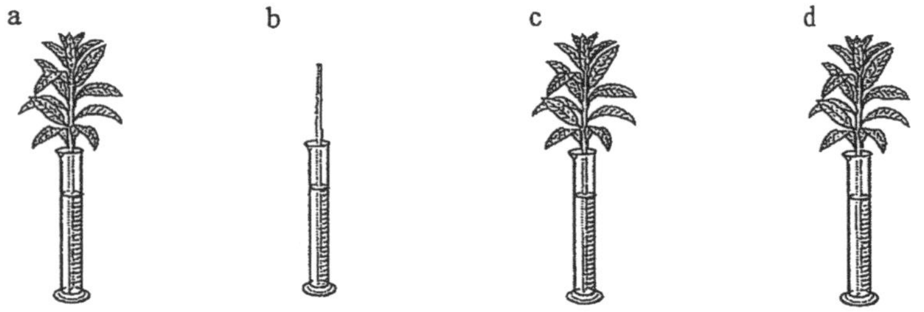

② 数時間後，メスシリンダーa～dについて，水面が下がった長さを測定し，メスシリンダー内の水の減り具合を調べた。

〈結果〉

メスシリンダー	水面の下がった長さ(cm)
a	5
b	0.5
c	3
d	1

〈わかったこと〉

ホウセンカの場合，水は（　F　）から最も多く出ていくということがわかった。

問５　実験②の〈結果〉をふまえて，植物から出ていった水の量が多い順に，メスシリンダーa～dを並べ替えなさい。

問６　実験②の〈わかったこと〉の空らん（　Ｆ　）に当てはまる語句を答えなさい。

6 1日の気温の変化と太陽の動きについて，以下の文Ⅰ，Ⅱを読み、各問いに答えなさい。

Ⅰ コウジさんは，2022年10月1日に2時間ごとに校庭で気温をはかりました。

問1 空気の温度は，日光の当たり方や地面からの高さなど，測る条件によって異なってきます。気温の正しいはかり方を説明しなさい。

問2 次の表1は，コウジさんが測った気温の結果をまとめた表です。この表1をもとにして，コウジさんはグラフをかきました。このグラフとして最も適当なものを，以下のア～エの中から1つ選びなさい。

表1

時間(時)	1	3	5	7	9	11	13	15	17	19	21	23
気温(℃)	19.1	18.4	17.9	19.4	24.2	27.3	28.6	28.2	27	24	21.3	18.9

ア
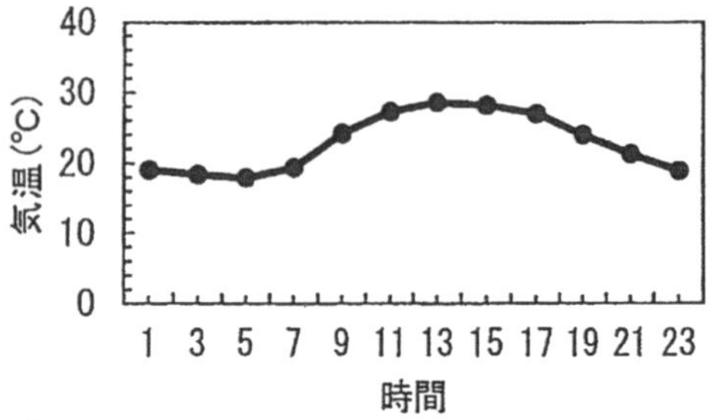

イ
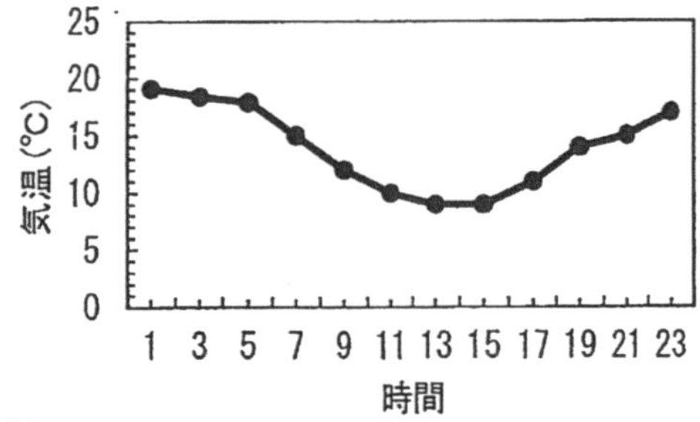

ウ
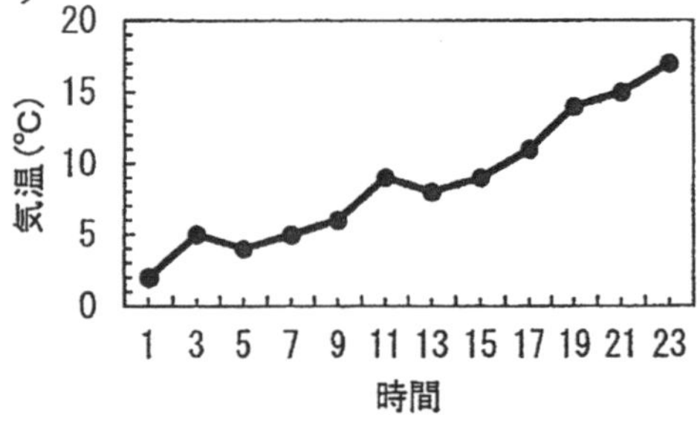

エ
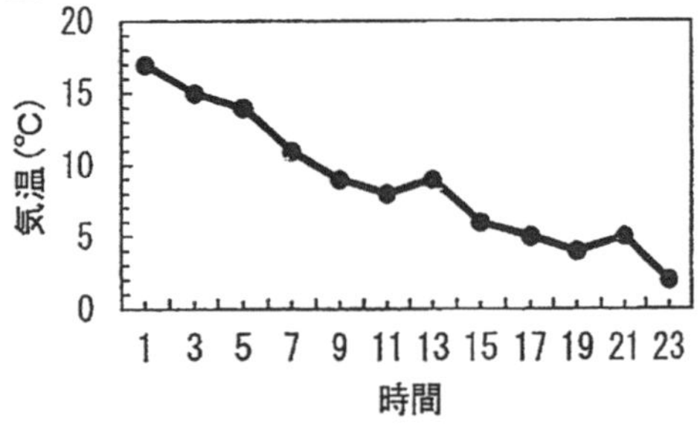

問3 問2の表1のような気温を観測した日の天気を推測し，答えなさい。

Ⅱ　ユウキさんは，かげの動き方から１日の太陽の動きを調べるために，図１のような記録用紙をつくり，真ん中にストローを立ててセロハンテープで固定しました。そして，午前10時から午後16時までの間の２時間ごとに，記録用紙にできたストローのかげを記録しました。

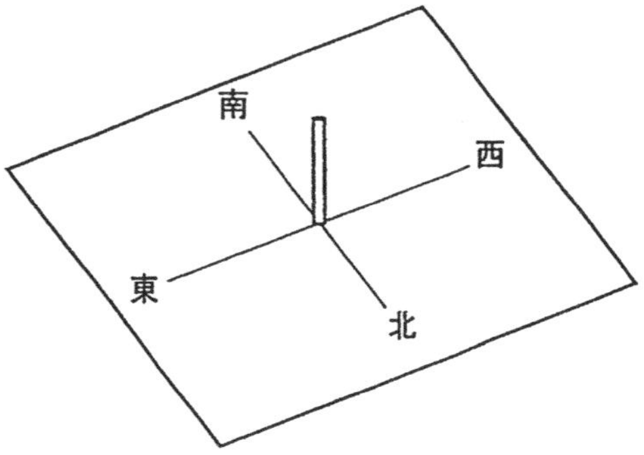

図１

問４　図の記録用紙のおく場所とおき方について，気をつけなければならないことをそれぞれ答えなさい。

問５　図１の記録用紙を用いて，ある日のかげの動き方を調べたところ，この日の午前10時ごろに右の図２のようになっていました。これについて，次の問いに答えなさい。

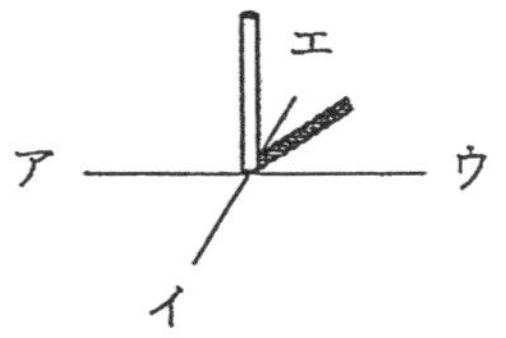

図２

（１）　図２で，東の方角を示しているのはどれですか。図中のア～エから１つ選び，記号で答えなさい。

（２）　ストローの長さとかげの長さが同じになるときの太陽高度は何度ですか。太陽高度とは，観測者から見て，地平線を０度としたときの太陽と位置を角度で表したものです。

問題は以上です。

2024(R6) 海星中
K 教英出版

問題は以上です。

2024(R6) 海星中
K 教英出版

5　次の図を見て，あとの問いに答えなさい。

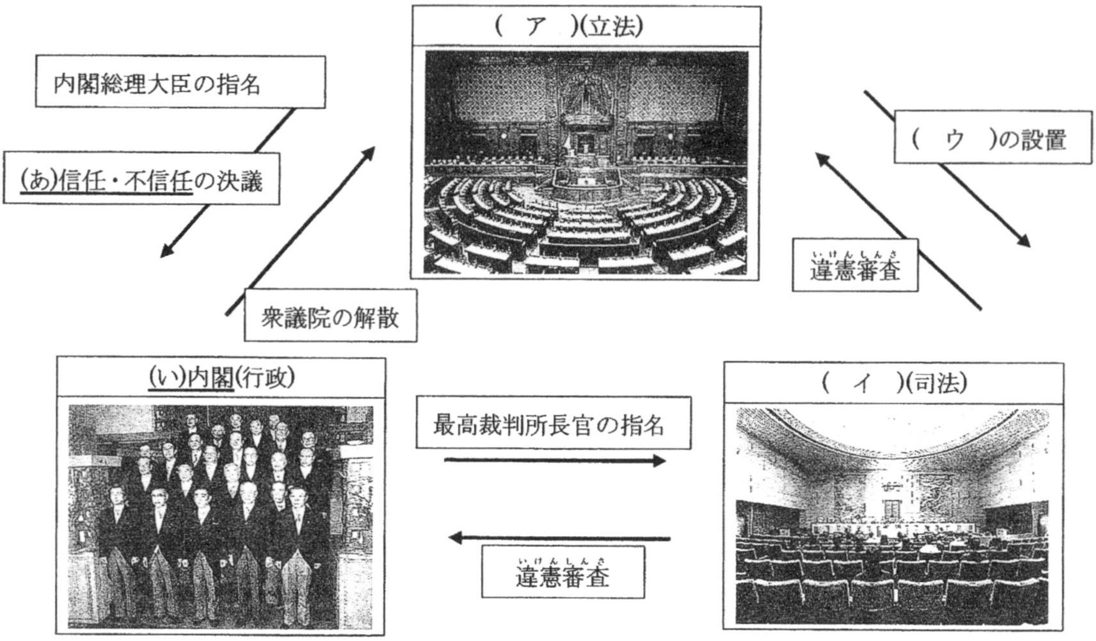

問１　空らん(ア)～(イ)に当てはまる国の機関名を答えなさい。

問２　下線部(あ)について，内閣は(ア)の信任にもとづいて成立し，(ア)に対して責任をおっている。このしくみを何といいますか，答えなさい。

問３　下線部(い)について，内閣にはさまざまな省庁があります。次の文ア～エに当てはまる省の名前を語群から選び，答えなさい。

ア：地方の自治や財政，選挙や郵政サービスの確保など国民生活のきそに関わる仕事をおこなう。
イ：教育や科学，文化，スポーツなどに関わる仕事をおこなう。
ウ：日本の外交政策をすすめ，外国を訪問して友好関係を深める仕事をおこなう。
エ：全国の道路の計画や整備，鉄道，船，飛行機が安全に使えるようにする仕事をおこなう。

語群
国土交通省　　文部科学省　　総務省　　法務省　　環境省　　外務省

問４　空らん(ウ)について，最も適当なものを①～④の中から１つ選び，記号で答えなさい。

①　家庭裁判所　　②　弾劾裁判所　　③　高等裁判所　　④　簡易裁判所

問１　レポート中の(　ア　)～(　ス　)に当てはまる語句を答えなさい。

問２　下線部(あ)について，幕府が大名に参勤交代をさせるねらいを 30 字程度で説明しなさい。

問３　下線部(い)について，江戸時代の海外交流に関してあやまっているものを①～④の中から１つ選び，記号で答えなさい。

① 朝鮮半島から，将軍がかわるごとに朝鮮通信使と呼ばれる使節団が来日した。
② 琉球王国は，独立した国家を保ち薩摩藩とも対等な関係を築いていた。
③ 蝦夷地《えぞち》のアイヌ民族は，松前藩との不公平な取引に対して反乱をおこした。
④ ヨーロッパの学問を研究する蘭《らん》学が盛んになり，『解体新書』などが書かれた。

問４　下線部(う)について，18 世紀におこった国学に関する，あとの(1)～(2)の問いに答えなさい。

(1)　現在の三重県松阪市出身で，医師をしながら『古事記』や『源氏物語』など国学の研究をしていた人物はだれですか，答えなさい。

(2)　国学を学んだ人の中には，江戸時代の終わりに幕府をたおそうと行動する人もいました。それはどういった理由からですか。20 字程度で説明しなさい。

問５　下線部(え)について，明治政府のもとでおこなわれた政策の内容と政策名のくみ合わせとして，最も適当なものを①～④の中から１つ選び，記号で答えなさい。

① 藩を廃止《はいし》して新たに県を置き，政府から府知事や県令を派遣した　―　版籍奉還
② 欧米《おうべい》から技術者を招き紡績《ぼうせき》や造船，兵器などの国営工場を作った　―　治外法権
③ 富国強兵の一つとして 20 才以上の男子は，３年間軍隊に入った　―　学徒動員
④ 土地の値段を基準に税を定め，不作や豊作に関係なく納税させた　―　地租改正

4　次の4人の生徒が調べてきたレポートを読み，あとの問いに答えなさい。

ケンジさんのレポート

1600年(　ア　)の戦いがおきました。この戦いに勝利した(　イ　)が江戸に幕府を開きました。3代将軍の(　ウ　)は(あ)全国の大名たちを1年おきに江戸に住まわせる参勤交代を(　エ　)にくわえて，そむいた大名に厳しい罰をあたえました。

マサコさんのレポート

キリスト教信者の勢力が増すことをおそれた江戸幕府が，キリスト教を禁止すると，1637年に(　オ　)がおきました。このあと，(　カ　)をふませるなどキリスト教の取りしまりがさらに強化されました。また(い)外国との交流を制限することを(　キ　)といい，ヨーロッパでは(　ク　)の商人だけは幕府との貿易がゆるされ，長崎の(　ケ　)に出入りしていました。

ユキオさんのレポート

「将軍のおひざもと」といわれた江戸は，(う)18世紀になると人口が100万人をこえる世界最大級の都市になりました。大阪は，日本の商業の中心地として(「　コ　」)と呼ばれました。五街道も整備されて，海星中学校がある追分《おいわけ》は，江戸と京都をむすぶ(　サ　)と伊勢神宮に行く伊勢街道の分き点として名付けられました。

カズコさんのレポート

江戸幕府への不満が高まるなかで，薩摩藩《さつまはん》と長州藩《ちょうしゅうはん》の武士たちは幕府をたおして天皇中心の国家をつくろうとしました。15代将軍となった(　シ　)はこれをうけて1867年に政権を天皇にかえし，明治時代へとつながりました。このような(え)新しい社会のしくみをつくりあげるために進められた政治や社会の改革を(　ス　)といいます。

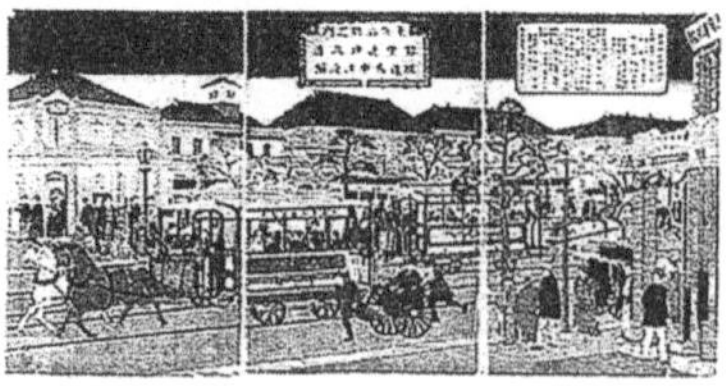

問８　下線部(く)について，平安時代の建築物の写真と説明文のくみ合わせとして最も適当なものを①～⑨の中から１つ選び，記号で答えなさい。

ア

A

平清盛は，武士としてはじめて太政大臣となり，兵庫の港を修築して日宋貿易《にっそうぼうえき》をおこなった。その時に厳島《いつくしま》神社の社殿《しゃでん》を整えて作りなおし，多くの宝物をおさめた。

イ

B

藤原頼通は，末法《まっぽう》思想の広まりをうけて極楽浄土《ごくらくじょうど》へのあこがれから日光東照宮《にっこうとうしょうぐう》を建てた。その正面には阿弥陀如来《あみだにょらい》がまつられ，建物の左右が同じつくりになっている。

ウ

C

足利義満は，文化や芸術を積極的に保護した。彼がつくった金閣《きんかく》の２・３層に金ぱくをはりつけた。3層目は中国式のお堂があり，外国との交流が盛んであったことがわかる。

①　ア　―　A	②　ア　―　B	③　ア　―　C
④　イ　―　A	⑤　イ　―　B	⑥　イ　―　C
⑦　ウ　―　A	⑧　ウ　―　B	⑨　ウ　―　C

(3)　この文章がしめす時期の様子として，最も適当なものを①～④の中から１つ選び，記号で答えなさい。

①　多くの武士は東西に分かれて11年も戦い，京都は焼け野原になった。
②　各地で伝染病が広まり，貴族の反乱もおこり世の中が乱れた。
③　大きな町では，商人などがよりあいを開くようになった。
④　蘇我氏の力がさらに強くなり，天皇をしのぐようになった。

問４　下線部(え)について，正倉院にはたくさんの宝物がおさめられています。その中には西アジアやヨーロッパから中国に伝わり，日本にやってきた物もあります。この東西交流に役立った陸路をなんといいますか，答えなさい。

問５　下線部(お)について，遣唐使の説明として，最も適当なものを①～④の中から１つ選び，記号で答えなさい。

①　藤原道長の提案によって，遣唐使はとりやめになった。
②　唐の僧である道鏡は，遣唐使船で来日して唐招提寺《とうしょうだいじ》をひらいた。
③　阿倍仲麻呂は，留学生として唐にわたり，その地で一生をおえた。
④　聖徳太子の政策によって，小野妹子が使者として中国にわたった。

問６　下線部(か)について，日本が参考にした唐の政治や文化について，最も適当なものを①～④の中から１つ選び，記号で答えなさい。

①　都作りにおいてはごばんの目のように四角く区切り，すべての女性は十二単《じゅうにひとえ》を着ていた。
②　御家人たちに先祖代々の領地を認め，戦いでてがらを立てた者には土地をあたえた。
③　銅たくや銅鏡をつかい，みこが占《うらな》いやまじないをして国民を統治した。
④　律令がつくられ，これにより豪族《ごうぞく》が支配してきた土地と民は国のものになった。

問７　下線部(き)について，飛鳥時代におこった次の①～④の出来事を，**年代が古い順**に並べかえなさい。

①　白村江の戦い　　②　大化の改新　　③　壬申の乱　　④　十七条の憲法の制定

問1 a

b

c

問2 (1)

(2)

問3

問4

問5

問6

問7

問8

問9

問10

3

①

②

③

④

⑤

4

①

②

③

④

⑤

令和６年度　海星中学校入学試験解答用紙　算数〔前期〕

受験番号	

※100点満点
（配点非公表）

1

(1)	(2)	(3)
(4)	(5)	(6)
(7)		

2

(1)	午前 (2)　時　分	分速 (3)　m
(4)	(5)　円	(6)　才

3

(1)　cm^2	(2)　cm^2	(3)　cm^3

令和６年度　海星中学校入学試験解答用紙　英語〔前期〕

受験番号	

※100点満点
（配点非公表）

1

問 1	問 2	問 3	問 4	問 5
問 6	問 7	問 8	問 9	問 10
問 11	問 12	問 13	問 14	問 15
問 16	問 17	問 18	問 19	問 20

2

問 1	問 2	問 3	問 4	問 5

令和６年度　海星中学校入学試験解答用紙　理科〔前期〕

受験番号	

※100点満点
（配点非公表）

1

問１	問２	問３
問４	問５	問６
問７　　　　g	問８　　　　g	

2

問１	問2	問3
問４		

3

問１	問2	問3
問４	問5	
問６		

令和6年度　海星中学校入学試験解答用紙　社会〔前期〕

受験番号	

※100点満点
（配点非公表）

1

問1	(ア)		(イ)		(ウ)	
問2		問3		問4	
問5	(1)				
	(2)		(3)		

2

問1	(1)	国名	記号
	(2)	国名	記号
	(3)	国名	記号
	(4)	国名	記号
問2			

3

問1		問2			
問3	(1)		(2)		(3)	
問4					
問5		問6			
問7	→ → →				
問8					

4

問1	(ア)		(イ)		(ウ)	
	(エ)		(オ)		(カ)	
	(キ)		(ク)		(ケ)	
	(コ)		(サ)		(シ)	
	(ス)					
問2						
問3			問4	(1)		
問4	(2)					
問5						

5

問1	(ア)		(イ)			
問2						
問3	ア		イ		ウ	
	エ					
問4						

4

問1①	②	③
問2	問3	

5

問1	理由	
問2A	B	
問3C	D	E
問4	問5	問6

6

問1		
問2	問3	
問4		
問5（1）	（2）　　　　度	

問 1	問 2	問 3	問 4	問 5

4

問 1	問 2

5

問 1	問 2	問 3

6

問 1	問 2	問 3	問 4	問 5

4

(1)	（ □ 緯 □ °， □ 経 □ ° ）
(2)	（ □ 緯 □ °， □ 経 □ ° ）
(3)	（ □ 緯 □ °， □ 経 □ ° ）
(4) cm	(5) cm

5

(1)	
(2)	
(3)	
(4)	個

令和六年度　海星中学校　入学試験解答用紙　国語　前期

1

問1
a
b
c
d
e

問2
A
B
C

問3

問4

問5

問6

問7
(1)
(2)

問8

問9

受験番号

※100点満点
（配点非公表）

3　次の文章を読み，あとの問いに答えなさい。

「西の市にただ独《ひと》り出でて眼《め》ならべず買ひにし絹《きぬ》の商《あき》じこりかも」。

(西の市に一人で行って，見くらべないで買ってしまった絹があまり良い物ではなく残念だった。)

この歌は(あ)奈良時代によまれ，(い)万葉集におさめられています。市場に行って買い物をしてみたら，失敗してがっかりしている様子がよまれており，人びとが自由に買い物をしていたことがうかがえます。

奈良時代といえば，(う)仏教の広まりや(え)正倉院が建設されたことが知られています。また(お)遣唐使《けんとうし》を派遣《はけん》し，(か)唐の政治制度や文化を取り入れられました。「日本」という国号が定まり，元号制度も確立される中で，(き)飛鳥の藤原京から平城京への遷都《せんと》が実行されました。そして8世紀末に，都が平安京に移されて，それから(く)平安時代が始まります。

問1　下線部(あ)について，この時代に一時期，都がおかれた都道府県として，あやまっているものを①～④の中から1つ選び，記号で答えなさい。

①　京都府　　②　大阪府　　③　滋賀県　　④　兵庫県

問2　下線部(い)について，万葉集には「さきもりの歌」が多く選出されています。「さきもり」とはどのような人ですか，10字以上で説明しなさい。

問3　下線部(う)について，次の文章は仏教をあつく信じていた人物に関するものです。あとの(1)～(3)の問いに答えなさい。

> 724年に天皇となったわたしは仏教の力によって，国じゅうが幸せになることを願っている。そこで国じゅうの銅を使って［ア］をつくり，山から木を切り出して，［ア］殿をつくる。
> また，全国に国分寺と国分尼寺も建てるよう命ずる。

(1)　この文章中の2か所の空らん［ア］に当てはまる共通の語句を答えなさい。

(2)　この文章中のなみ線部の「わたし」とは，だれのことですか，答えなさい。

2　三重県四日市市のクミコさんの民宿には多くの外国人観光客がきます。そこには自由にコメントを書くことができるノートがあります。(1)〜(4)はノートの一部です。次の(1)〜(4)の内容を読み，あとの問いに答えなさい。

(1)　わたしの国は，世界で最も長いナイル川が流れているわ。古代文明が栄えてピラミッドや神殿《しんでん》が作られたわ。古代の遺跡を見るために，世界中から観光客がくるのよ。

(2)　ぼくの国は，南半球にある広い国土をもつ国だよ。鉄鉱石の生産量は世界１位で日本に多く輸出しているんだ。世界遺産になったシドニーのオペラハウスやコアラが有名だよ。

(3)　わたしの国は，毎年盛大なカーニバルがリオデジャネイロで開かれて，2016 年にはオリンピックがおこなわれたのよ。またコーヒー豆の生産量が世界１位なの。

(4)　ぼくの国は，世界２位の国土面積で，ナイアガラのたきなどがあって自然が豊かなんだ。サトウカエデから作ったメープルシロップも有名で，ぼくは大好きなんだよ。

問１　(1)〜(4)のそれぞれの国名と，その位置を下の地図上**ア〜カ**の中から選び，答えなさい。

問２　下の地図について，国土を赤道が通過している国を地図上**ア〜カ**の中から全て選び，記号で答えなさい。

(3)　次の**写真１～４**を見た生徒たちが再生可能エネルギーについて発言をしています。それらを読み，正誤について，最も適当なものを①～⑧の中から１つ選び，記号で答えなさい。

写真１

写真２

写真３

写真４

ユキオ：**写真１**は，石油を使わないので，二酸化炭素や大気汚染《おせん》物質を出しません。自然条件に関わらず一定の発電量があります。しかし，建設する際に自然をこわしてしまうことがあります。

マサコ：**写真２**は，建設するためには広大な土地が必要なので日本には不向きです。また，時間や天候により発電量が大きく変化することから，日本国内にはほとんど設置されていません。

ケンジ：**写真３**は，自然の風の力で風車を回し，発電します。風がふく場所であれば陸でも海でも建設することができます。風車が回転する時に大きな音がなるので騒音《そうおん》問題が課題です。

カズコ：**写真４**は，けむりが上がっていますが，これは地下のマグマだまり付近で温められた水蒸気です。火山が多い日本で主流となっている発電方法で，すべての都道府県が導入しています。

①　ユキオさんとマサコさんのみ正しい
②　ケンジさんとカズコさんのみ正しい
③　ユキオさんとカズコさんのみ正しい
④　ケンジさんとマサコさんのみ正しい
⑤　ユキオさんとケンジさんのみ正しい
⑥　マサコさんとカズコさんのみ正しい
⑦　四人とも正しい
⑧　四人ともあやまっている

問５　下線部(え)について，次の(1)〜(3)の問いに答えなさい。

(1)　下の表２・３は 2022 年における石油の生産量と輸入額における上位３カ国をしめしたものです。アメリカの石油生産量は世界１位ですが，一方で輸入額は世界２位です。その理由として考えられることを，以下の語句を必ず用いて 30 字程度で答えなさい。

語句

消費

石油の生産量	国名
１位	アメリカ
２位	サウジアラビア
３位	ロシア

表２

石油の輸入額	国名
１位	中国
２位	アメリカ
３位	インド

表３

(グローバルノートより作成)

(2)　下の円グラフは 1965 年・1995 年・2015 年における日本の電力の供給源(以下，電源とする)をしめしています。次のうち 2015 年の電源をしめすグラフはどれですか。最も適当なものを①〜③の中から１つ選び，記号で答えなさい。

①

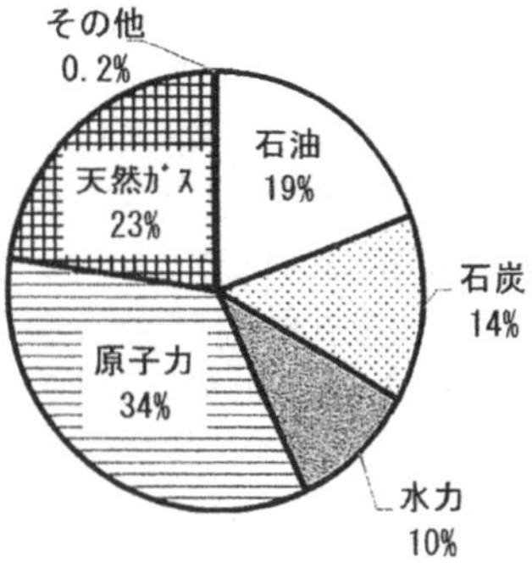

②

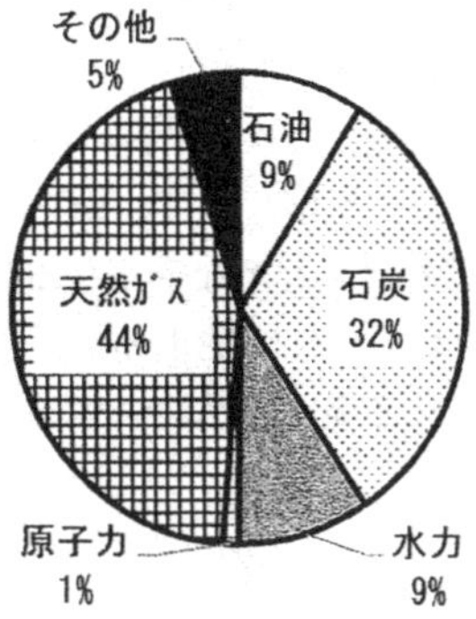

③

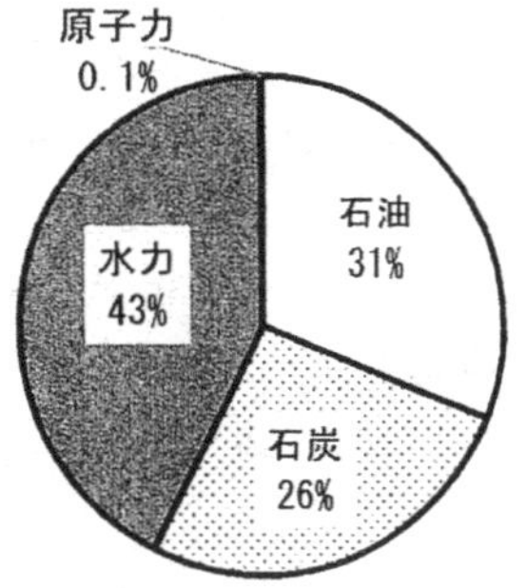

(中部電力株式会社 HP より作成)

＊数値は一部四捨五入してあります。

問２　下線部(あ)について，東京都では 2020 年４月に最初の緊急事態宣言が出されました。その時の様子として，最も適当なものを①～④の中から１つ選び，記号で答えなさい。

① 家で過ごす時間が増えたため，スーパーマーケットの売り上げは好調であった。
② 高級魚介類であるキンメダイの人気が出て，平均して値段が上がった。
③ 家族の気持ちを明るくするため，切り花の需要《じゅよう》が増して値段が上がった。
④ 多くの飲食店は休業していたため，そのほとんどの食材は捨てられた。

問３　下線部(い)について，現在の岐阜県海津市のようすとして，最も適当なものを①～④の中から１つ選び，記号で答えなさい。

① 堤防の内側にたまった水があふれることを防ぐための，大型のはい水機場がある。
② 水害の危険があるため，川の生き物の観察や水辺のスポーツは禁止されている。
③ 輪中では昔は米作りが盛んであったが，現在ではほとんどおこなわれていない。
④ 堤防ぞいにある水防倉庫には，災害に備えて水や食料がたくわえられている。

問４　下線部(う)について，下の表１は日本の貿易港における輸出品目上位３位とその品目が全体にしめる輸出額の割合をしめすものであり，表中①～④は東京港・横浜港・名古屋港・神戸港のいずれかです。名古屋港をしめすものとして最も適当なものを①～④の中から１つ選び，記号で答えなさい。

	①	②	③	④
輸出額(億円)	55,571	123,068	69,461	58,237
輸出品目１位と割合	プラスチック 6.3%	自動車 26.3%	自動車 19.6%	事務用機器 7.2%
輸出品目２位と割合	建設用・鉱山用機械 5.6%	自動車部品 16.7%	原動機 5.4%	半導体 6.7%
輸出品目３位と割合	原動機 5.1%	原動機 4.4%	自動車部品 4.5%	自動車部品 4.5%

（『地理統計要覧 2021 年版』より作成）

表１

1　次の文章はリニア見学センターを訪れたマサユキさんのレポートです。これを読み，あとの問いに答えなさい。

　2024年に東海道新幹線は開業60周年をむかえます。東京～大阪間の移動は，在来線を利用すると6時間30分かかっていましたが，新幹線では3時間10分で移動できるようになりました。さらなる発展をめざして，リニア中央新幹線の開発と建設がおこなわれています。下の地図は東京～名古屋間のリニア中央新幹線の建設予定路です。現在の停車予定地は，(あ)東京都・(　ア　)・(　イ　)・(　ウ　)・(い)岐阜県・(う)愛知県の6都道府県となっています。実用化にむけての実験は(　イ　)でおこなわれています。様ざまな技術が集まって，将来は東京～大阪間を時速500kmで約70分で移動できるようになる予定です。

　どのように時速500kmで走るのでしょうか？その仕組みは，通常の鉄道の場合は車輪がレールの上を走ります。しかし速度をあげようとすると，車輪とレールがこすれること(摩擦《まさつ》)が速度向上に制限をかけてしまいます。そこで磁石の力を使って車体を浮《う》かせる方法が考えられました。リニア中央新幹線のモーターは磁石の力を使い，電気エネルギーを回転する力に変えることで動きます。S極とN極が引き合い，同じ極同士が反発することで回転させて走ります。こうして飛行機より短い時間で東京～大阪間を行き来でき，一度に運べる乗客数も約16倍です。さらに二酸化炭素の排出量《はいしゅつりょう》を，およそ三分の一に減らすことができます。

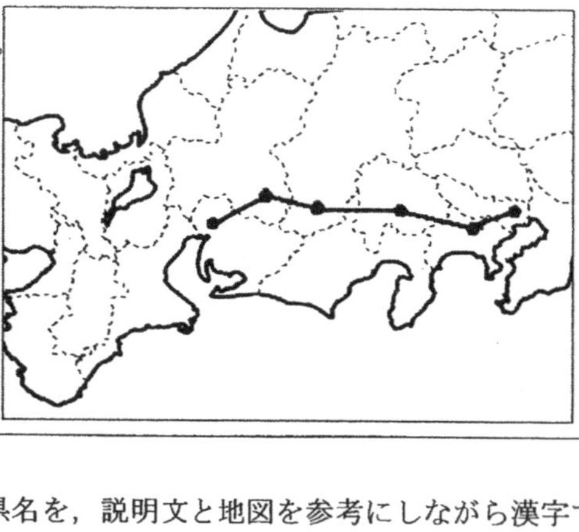

　このようにリニア中央新幹線が開通することにより従来の化石燃料などの(え)エネルギー資源の使用量が少なくなることが期待されています。早く移動できることによって私たちの生活は大きく変化するが予測されます。どんな未来が待っているのでしょう。

問1　上の文中(　ア　)～(　ウ　)に当てはまる都道府県名を，説明文と地図を参考にしながら漢字で答えなさい。

(　ア　)・・・相模湾《さがみわん》が近く魚がよくとれて，大仏が観光資源の1つとなっている。
(　イ　)・・・甲府《こうふ》盆地では，ブドウやモモの栽培《さいばい》が盛んにおこなわれている。
(　ウ　)・・・中部地方にふくまれて，高冷地ではレタスを作り，夏場に出荷している。

2024(R6) 海星中
K 教英出版

令和６年度

海星中学校入学試験問題

― 前期 ―

社　会

（100点　40分）

（注意事項）

1．試験開始の合図があるまで，問題冊子の中を見てはいけません。

2．問題は，11ページまであります。

3．問題冊子や解答用紙の印刷が見にくいときや，試験中にページのぬけ落ちなどに気付いた場合は，手をあげて先生に知らせなさい。

4．試験開始の合図で解答用紙の受験番号のらんに受験番号をはっきりと記入しなさい。

5．解答は，すべて解答用紙に記入しなさい。

6．えんぴつまたはシャープペンシルを使用しなさい。

7．試験終了の合図で筆記用具をおき，解答用紙を集め終わるまで席に着いていなさい。

8．問題冊子は持ち帰ってよろしい。

1 次の各問いに答えなさい。

問１　光の性質について正しいものをア～エからすべて選び，記号で答えなさい。

ア　虫眼鏡で集めた日光は，明るい部分が大きいほど明るい。
イ　１枚の鏡ではね返した日光を当てた場所より，３枚の鏡ではね返した日光を重ねて当てた場所のほうが暖かくなる。
ウ　鏡ではね返した光は，空気中に何も無ければまっすぐに進む。
エ　虫眼鏡で集めた太陽の光を黒い紙に小さく集めると，けむりが出る。

問２　音の性質について正しいものをア～ウからすべて選び，記号で答えなさい。

ア　たいこをたたいたとき，音が大きいほど革の部分は大きくふるえて遠くまで伝わる。
イ　人は耳のこまくがふるえる事で，音を聞くことができる。大きな音が伝わると，こまくは早く，小さくふるえる。
ウ　音は間にあるものがふるえる事で伝わる。

問３　図のように天井から糸でつり下げた10gのおもりをAの位置から静かに手をはなし，ABCの位置を往復させました。これについて正しいものをア～エからすべて選び，記号で答えなさい。

ア　おもりがAB間とBC間を移動する時間の長さは，同じになる。
イ　おもりを1kgにすると，1回の往復時間が早くなる。
ウ　1往復とは，「 A⇒B⇒C⇒B⇒A 」の事である
エ　ふれはばを大きくしても，Bの位置に来たときのはやさは同じである。

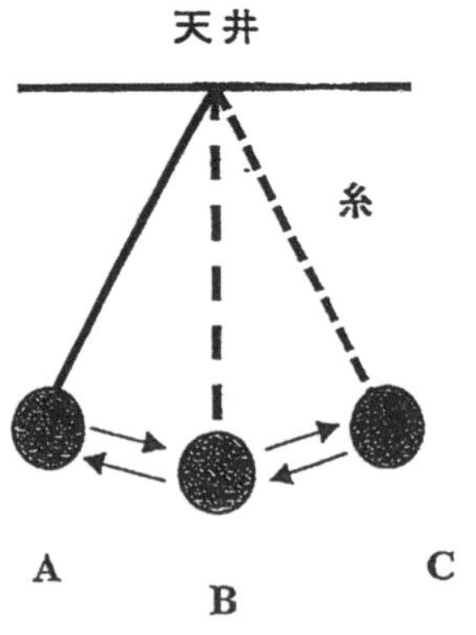

問４　4kg まではかる事のできる台ばかりの使い方について正しいものをア～オからすべて選び，記号で答えなさい。

ア　台ばかりは，かたむいた場所に置いてはかってもよい。
イ　はかる前にねじをまわして，めもりを０（ゼロ）にあわせておく。
ウ　ななめ上からめもりを読む。
エ　図の台ばかりの目もりは，約 1kg を示している。
オ　図の台ばかりで，1.0g の物の重さも正確にはかる事ができる。

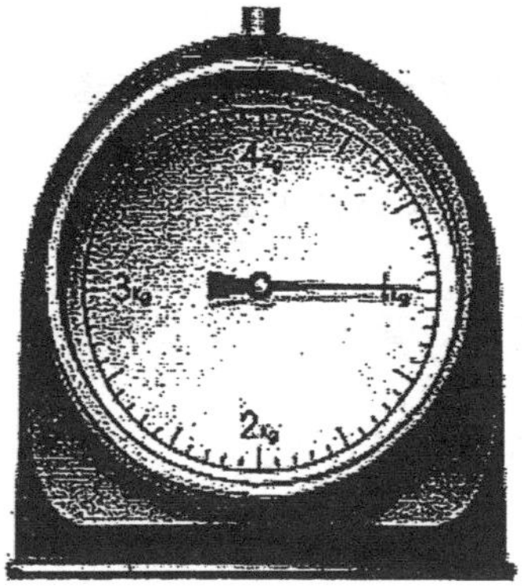

問５　ビーカーを使って食塩 5g を水 95g に完全にとかし，食塩水を作りました。このときのようすについて正しいものをア～エからすべて選び，記号で答えなさい。

ア　色はなく，完全にすき通っている。
イ　食塩の白い色が少し残っているが，ビーカーの反対側は見える。
ウ　食塩の小さいつぶが水の中に残っており，光をあてると反射して光っている。
エ　食塩水は 100g で，体積も 100mL になる。

問６　空気の成分は，ちっ素，酸素，二酸化炭素などである事が知られています。これについて正しいものをア～オからすべて選び，記号で答えなさい。

ア　空気は約 80%が酸素，約 20%がちっ素，二酸化炭素が約 0.04%である。
イ　空気は約 80%がちっ素，約 20%が酸素，二酸化炭素が約 0.04%である。
ウ　ちっ素が入っている事は，石灰水で調べる事ができる。
エ　酸素が入っている事は，空気中のリトマス紙の変化で調べる事ができる。
オ　二酸化炭素が入っている事は，においで調べる事ができる。

問７　40℃の水 100g に硝酸カリウムを限界までとかすと，最大で 64g とける。40℃で限界まで硝酸カリウムをとかした水溶液 350g には，何 g の硝酸カリウムがとけているか。必要があれば四捨五入し，整数で答えなさい。

問８　濃度 5%の食塩水を作ろうとして水道水 190g に食塩 10g を入れるつもりであったが，誤って 16g の食塩を入れてしまった。あと何 g の水を加えたら濃度 5%の食塩水になるか。必要があれば四捨五入し，整数で答えなさい。

2　下の図のように，うすい塩酸を鉄（スチールウール）に加えました。あとの各問いに答えなさい。

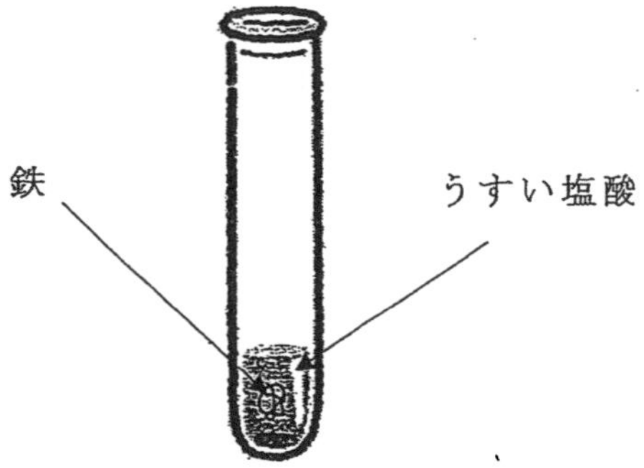

問１　この実験を行うときの注意として正しいものをア～オからすべて選び，記号で答えなさい。

ア　実験室の窓を閉めておく。
イ　火を近づけないようにする。
ウ　ふつうの温度では何も起こらないので，試験管を直接火であたためたほうがよい。
エ　うすい塩酸が皮ふについたら，すぐに水道水で流す。
オ　うすい塩酸が皮ふについたら，すぐにタオルでふきとる。

問２　うすい塩酸を加えると，鉄との反応はどのようになりますか。正しい組み合わせをア～クから１つ選び，記号で答えなさい。

	泡	鉄	暖かさ
ア	出る	とける	暖かい
イ	出る	とける	冷たい
ウ	出る	とけない	暖かい
エ	出る	とけない	冷たい
オ	出ない	とける	暖かい
カ	出ない	とける	冷たい
キ	出ない	とけない	暖かい
ク	出ない	とけない	冷たい

問３　問２の実験結果に関係して考えられる事で正しいものをア～オからすべて選び，記号で答えなさい。ただし，実験中の水の蒸発は考えない事とします。

ア　実験後，試験管内のうすい塩酸と鉄を合わせたおもさは少し軽くなる。
イ　実験後，試験管内のうすい塩酸と鉄を合わせたおもさは少し重くなる。
ウ　実験後でも，うすい塩酸と鉄を合わせたおもさは変わらない。
エ　鉄の代わりにアルミニウムはくを用いても，問２と同じ結果になる。
オ　うすい塩酸の代わりに水を用いても，問２と同じ結果になる。

問４　問２の実験後のうすい塩酸を蒸発皿にとり，加熱して液体を蒸発させると，どのような結果になりますか。蒸発皿に残るものとその性質について正しいものをア～キから１つ選び，記号で答えなさい。

ア　何も残らない。
イ　白い固体が残り，その固体は磁石についた。
ウ　白い固体が残り，その固体は磁石につかなかった。
エ　うすい黄色の固体が残り，その固体は磁石についた。
オ　うすい黄色の固体が残り，その固体は磁石につかなかった。
カ　みずあめの様なものが残り，それは磁石についた。
キ　みずあめの様なものが残り，それは磁石につかなかった。

3　次のⅠ・Ⅱの問いに答えなさい。

Ⅰ　図のように電池，電流計，LED(Light Emitting Diode)電球を直列につないだ電気回路を組みました。次の各問いに答えなさい。

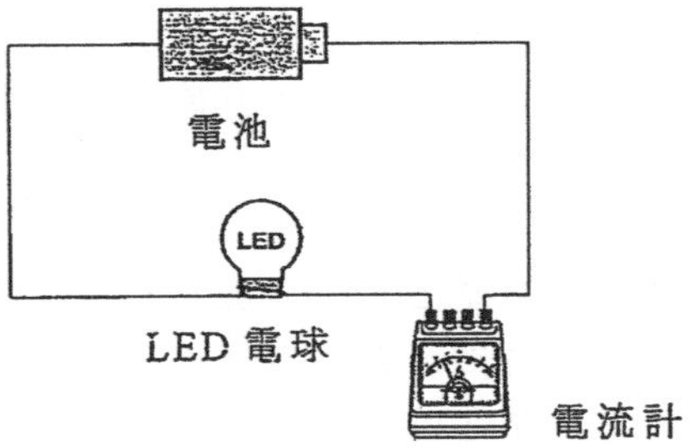

問１　LED 電球について正しい内容をア～エからすべて選び，記号で答えなさい。

ア　赤色の LED を開発した事で，赤崎勇，天野浩，中村修二の３氏がノーベル物理学賞を受賞している。

イ　白熱電球と比べて，長時間利用しても熱をもちにくい。

ウ　白熱電球と同じ時間つかうと，電気代が高くなる。

エ　白熱電球より重い。

問２　回路に電流を流したところ，電流計は図のような値を示しました。正しい数値をア～カから１つ選び，記号で答えなさい。

ア　1.2 A

イ　12 A

ウ　12 mA

エ　120 mA

オ　1.4 A

カ　14 mA

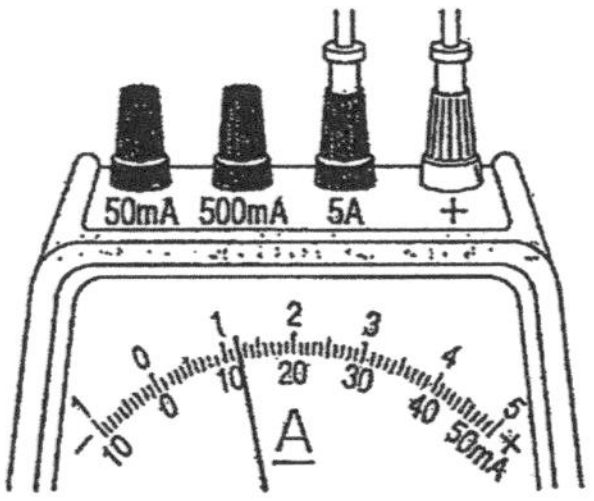

問３　回路で直列につないだ電池を２個にするとどうなりますか。正しいものをア～オからすべて選び，記号で答えなさい。

ア　電球は明るくなる。
イ　電球は暗くなる。
ウ　電流計の数値が大きくなる。
エ　電流計の数値が小さくなる。
オ　電球の明るさも電流計の数値も，特に変化はない。

問４　回路で使われる銅線のように電気をよく通すものはどれですか。正しいものをア～カからすべて選び，記号で答えなさい。

ア　ゴム　　イ　紙　　ウ　鉄　　エ　ガラス　　オ　銀

Ⅱ　電気回路はスマートフォン，PC（Personal Computer）などの電子機器において，集積回路（小さい面積にち密に組まれた回路）という形で用いられています。その際，配線同士が近くなる事などが原因で誤作動の原因となるノイズ（不要な電気信号）が発生し，これを除くためにコンデンサが多く使用されています。コンデンサは発生したノイズ（不要な電気信号）をためて取り除き，必要な電気信号を通過させるはたらきをもちます。スマートフォンなどの電子機器が高機能になるにつれて，コンデンサはより多くの電気をためて取り除く性能が求められています。

つまり，集積回路においてコンデンサは絶対に必要な部品です。集積回路がよりち密になる傾向にある近年，コンデンサが電気をためる能力（電気容量）はとても重要視されています。

電気容量を C [F] とすると，真空の誘電率：ε_0，極板の面積：S [m^2]，極板間の距離：d [m] を用いて次の式で表される。

$$C = \varepsilon_0 \times S \div d$$

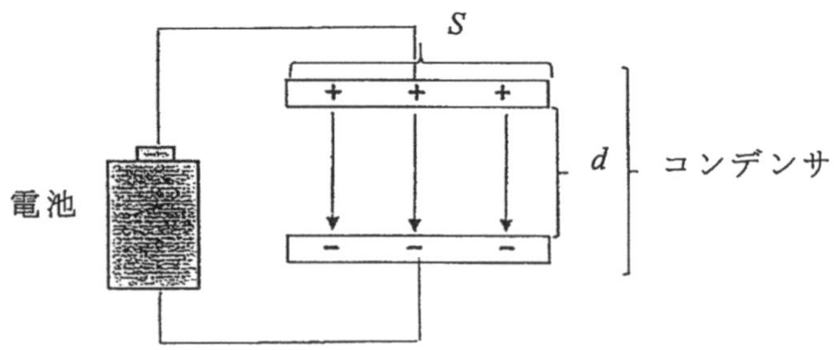

問５　コンデンサのように電気をためる能力があるものはどれですか。正しいものをア～オからすべて選び，記号で答えなさい。

ア　豆電球
イ　光（太陽）電池
ウ　導線
エ　単四電池　＊テレビのリモコン等によく使われる。
オ　ペットボトル

問６　問５のコンデンサにおいて，電気容量 C の値を大きくするにはどうすればよいですか。「極板の面積」及び「極板間の距離」の言葉を使い，簡単に説明しなさい。ただし，真空の誘電率 ε_0 の値は変わらないものとします。

2024(R6) 海星中
教英出版

令和６年度

海星中学校入学試験問題

－ 前期 －

理　科

（100 点　40 分）

（注意事項）

１．試験開始の合図があるまで，問題冊子の中を見てはいけません。

２．問題は，16 ページまであります。

３．問題冊子や解答用紙の印刷が見にくいときや，試験中にページのぬけ落ちなどに気付いた場合は，手をあげて先生に知らせなさい。

４．試験開始の合図で解答用紙の受験番号のらんに受験番号をはっきりと記入しなさい。

５．解答は，すべて解答用紙に記入しなさい。

６．えんぴつまたはシャープペンシルを使用しなさい。

７．試験終了の合図で筆記用具をおき，解答用紙を集め終わるまで席に着いていなさい。

８．問題冊子は持ち帰ってよろしい。

3 次の日本語の意味を表すようにア～オを並びかえ，**2番目**と**4番目**に入る語句の組み合わせとして最も適当なものを，あとの①～④の中から1つ選び記号で答えなさい。ただし，先頭にくる語も小文字になっています。

問1 浜辺には誰もいませんでした。

(ア was ／ イ one ／ ウ on ／ エ no ／ オ the beach)

There (　　　)(2番目)(　　　)(4番目)(　　　).

① ア－イ	② オ－エ	③ イ－ウ	④ エ－ウ

問2 カレンは図書館で本を読むのが好きです。

(ア books ／ イ Karen ／ ウ reading ／ エ in ／ オ likes)

(　　　)(2番目)(　　　)(4番目)(　　　) the library.

① ウ－ア	② イ－エ	③ ア－オ	④ オ－ア

問3 サリーは昨日学校を休んだ。

(ア was ／ イ school ／ ウ Sally ／ エ from ／ オ absent)

(　　　)(2番目)(　　　)(4番目)(　　　) yesterday.

① オ－イ	② ア－エ	③ ウ－オ	④ イ－エ

問4 何をご注文なさいますか。

(ア to ／ イ order ／ ウ like ／ エ you ／ オ would)

What (　　　)(2番目)(　　　)(4番目)(　　　)?

① イ－ウ	② エ－ア	③ オ－エ	④ ア－イ

問5 そのお店は午前**9**時から午後**5**時まで開いています。

(ア 9 a.m. ／ イ is open ／ ウ store ／ エ to ／ オ from)

The (　　　)(2番目)(　　　)(4番目)(　　　) 5 p.m.

① オ－ウ	② エ－ア	③ イ－ア	④ ウ－オ

2　次の会話について(　　)に入れるのに最も適当なものを，あとの①～④の中から１つ選び記号で答えなさい。

問１　A: Thank you for helping me with my homework.
B: (　　　　).

① Thank you very much　　② No problem
③ Sure　　④ That's right

問２　A: Hi, Alice. (　　　　)?
B: Hi, Grace. I'm good.

① How much is it　　② How was it
③ How old are you　　④ How are you doing

問３　A: Could you show me your ID?
B: (　　　　). I'll get it from the car.

① Just a moment　　② I'm fine
③ Here you are　　④ Yes, I could

問４　A: I'm going to Rome next week.
B: That's good! (　　　　).

① Sorry for that　　② I'm excited
③ Of course　　④ Have a good time

問５　A: What time is Takuya coming today?
B: (　　　　).

① I have no idea　　② Last week
③ 5 minutes ago　　④ Next Thursday

問 11 (　　　) stopped raining this morning, but the road is still wet.
① They　② This　③ That　④ It

問 12 A: If you have any questions, you can (　　　) them anytime.
B: Thank you very much.
① write　② get　③ keep　④ ask

問 13 A: Hi, George. You're late.
B: I'm sorry, Mr. Oak. I (　　　) my train.
① passed　② took　③ late　④ missed

問 14 A: Are you alright, sir?
B: Well, I (　　　) sick but I'm OK. I'll sit on a bench and have a break.
① hear　② think　③ feel　④ see

問 15 I can (　　　) English and Spanish.
① say about　② speak to　③ understand　④ hear from

問 16 Emily didn't eat anything this morning. She is very (　　　) now.
① hungry　②happy　③ thirsty　④ funny

問 17 It's dark in this room. Can you turn (　　　) the light?
① off　② down　③ on　④ up

問 18 Mary and Sam (　　　) to school together every day.
① going　② go　③ goes　④ gone

問 19 (　　　) is the tenth month of the year.
① December　② November　③ October　④ September

問 20 Mike plays soccer (　　　) than Tom.
①good　② best　③ bad　④ better

2024(R6) 海星中
K 教英出版

1 次の(　)に入れるのに最も適当なものを，あとの①～④の中から1つ選び記号で答えなさい。

問1 When you called me last night, I was (　　　) a shower.
① taking　② take　③ took　④ will take

問2 My (　　　) is 70 years old. He lives near my house.
① grandfather　② mother　③ sister　④ aunt

問3 A: (　　　) is it?
B: It's 9 o'clock.
① Where　② What time　③ How many　④ Who

問4 Cindy is a (　　　). She often sings with her students.
① fire fighter　② lawyer　③ music teacher　④ nurse

問5 A: I want to eat some dessert.
B: Let's go to the new cafe. (　　　) many kinds of cakes there.
① It is　② There are　③ They are　④ It has

問6 A: Mom, (　　　) is my new T-shirt?
B: You took it to your room yesterday.
① where　② when　③ whose　④ what

問7 I wash dishes every Monday and Tuesday. Michael (　　　) every Thursday and Friday.
① do them　② does them　③ doing them　④ to do them

問8 Yesterday, my younger cousins stayed at my house. I played with (　　　) in the park all day long.
① his　② her　③ their　④ them

問9 I often get up (　　　) seven in the morning.
① on　② in　③ at　④ for

問10 I watched a horror movie last Friday. It was so good. I (　　　) it again maybe next week with my friends.
① will watch　② watch　③ watched　④ going to watch

2024(R6) 海星中
K 教英出版

令和６年度

海星中学校入学試験問題

― 前期 ―

英　語

（100点　40分）

（注意事項）

1．試験開始の合図があるまで，問題冊子の中を見てはいけません。
2．問題は，９ページまであります。
3．問題冊子や解答用紙の印刷が見にくいときや，試験中にページのぬけ落ちなどに気付いた場合は，手をあげて先生に知らせなさい。
4．試験開始の合図で解答用紙の受験番号のらんに受験番号をはっきりと記入しなさい。
5．解答は，すべて解答用紙に記入しなさい。
6．えんぴつまたはシャープペンシルを使用しなさい。
7．試験終了の合図で筆記用具をおき，解答用紙を集め終わるまで席に着いていなさい。
8．問題冊子は持ち帰ってよろしい。

1 次の計算をしなさい。

(1)　$631-497+285$

(2)　1.53×2.9

(3)　$12-(11+4\times 6)\div 5$

(4)　$(34-4\times 3)\div 2\frac{3}{4}$

(5)　$(667+722+459+233+178+441)\div 300$

(6)　$0.57\times 4+2.3\times 4+1.13\times 4$

(7)　$3.5\times \frac{5}{6}-\left(2.2-\frac{1}{3}\right)\div 1\frac{2}{5}$

2　次の各問いに答えなさい。

(1)　百の位を四捨五入して1000になる整数のうち，もっとも大きい整数は何ですか。

(2)　ある駅では，電車は 12 分おきに，バスは 16 分おきに発車します。電車とバスが午前 7 時 20 分に同時に発車したとき，次に同時に発車する時刻は午前何時何分ですか。

(3)　自転車に乗って 3.3km はなれたスーパーへ買い物に行きます。10 分で買い物を終えて，行きと同じ速さで帰ってきたら，家を出発してから帰ってくるまでにちょうど 40 分かかりました。この自転車の速さは分速何 m ですか。

(4)　さいころは向かいあう面の数の和が 7 になるように書かれています。すべて同じさいころを使って，下の図のような立体をつくりました。この立体の表面(底面もふくみます)の数の和はいくつですか。

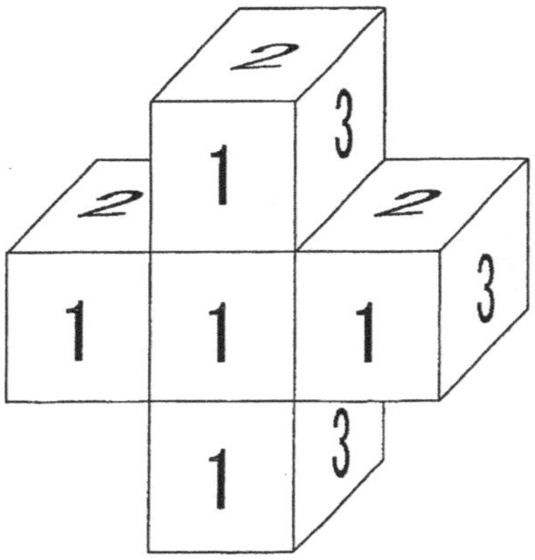

(5) 原価 300 円の品物 60 個に，3 割の利益をみこんで定価をつけましたが，半分しか売れなかったので，残りの品物を定価の 2 割引きで売りました。利益はいくらですか。

(6) 今から 1 年前，まゆみさんとゆうとさんの年れいの比は12:7でした。今から 1 年後，まゆみさんとゆうとさんの年れいの比は5:3となります。ゆうとさんは今何才ですか。

3 次の各問いに答えなさい。

(1) 下の図の斜線《しゃせん》部分の面積を求めなさい。

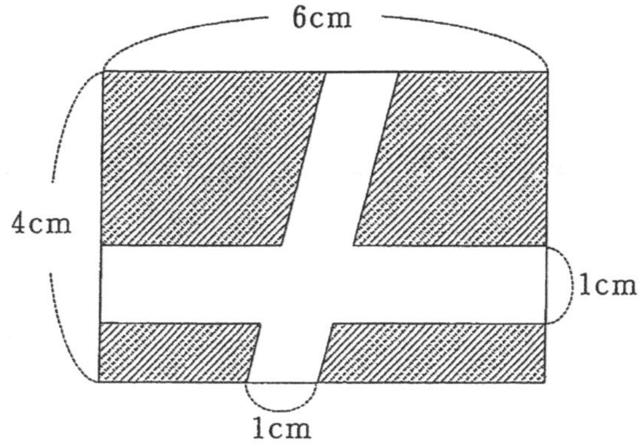

(2) 下の図の斜線《しゃせん》部分の面積を求めなさい。

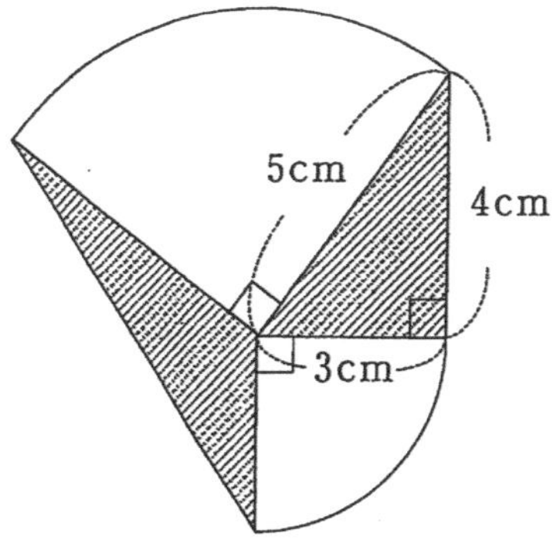

令和６年度

海星中学校入学試験問題

― 前期 ―

算　数

（100 点　50 分）

（注意事項）

1．試験開始の合図があるまで，問題冊子の中を見てはいけません。
2．問題は，9 ページまであります。
3．問題冊子や解答用紙の印刷が見にくいときや，試験中にページのぬけ落ちなどに気付いた場合は，手をあげて先生に知らせなさい。
4．試験開始の合図で解答用紙の受験番号のらんに受験番号をはっきりと記入しなさい。
5．解答は，すべて解答用紙に記入しなさい。
6．えんぴつまたはシャープペンシルを使用しなさい。
7．試験終了の合図で筆記用具をおき，解答用紙を集め終わるまで席に着いていなさい。
8．問題冊子は持ち帰ってよろしい。

2　次の文章を読んで、あとの各問いに答えなさい。

一週間前、みつばコーポラスに越《こ》してきて、ナナが一番[a]キョウミを持ったのは、裏階段のダストシュートだった。各階のおどり場にある、うす緑の四角い入口。取っ手はさびてざらざらしている。『使用禁止』のはり紙。だれかがうっかりあけないように壁《かべ》にとめたガムテープ。

「あれ、なァに？　あれ、なァに？」

ナナはママにうるさく聞いた。あんまり、うるさいので、ママは管理人さんに聞いてくれた。

「ゴミを捨てるところだって。昔は、わざわざ通りまで出しに行かなくても、ダストシュートをあけて、ポイするだけでよかったの。下にゴミためがあって、管理人さんが集めて外に出してくれるの。もっと昔、ゴミ・トラックが集めに来る前は、裏庭のおカマで焼いてたんだってよ」

「今はもう使ってないのよ。ゴミは自分たちで、ちゃんと捨てることになったから。使っちゃいけませんってはり紙がしてあるの。あけたらいけませんってガムテープがはってあるの。わかった？　ナナ」

ゴミ・トラックは清掃車《せいそうしゃ》、おカマは焼却炉《しょうきゃくろ》のことだ。

ナナはうなずいたが、聞かずにはいられなかった。

「あけたら、何が出てくるの？」

「何もよ。何も出てこないわよ。真っ暗で、ふるーいゴミのイヤなにおいがするだけよ。いい？　ナナ、あけたらダメよ！」

あけたらダメよ、と言うのは、①合い言葉のようなものだった。ナナはダメよと言われるたびに、お米びつも、宝石箱も、駅長室のドアも、『猛犬《もうけん》注意』の裏木戸も、ぜんぶ、しっかりあけてきたのだ。そして、ママやパパに怒《おこ》られる。おしりをぶたれる。泣く。そして、また何か新しいモノをあける……！

五月の連休の間、パパとママはひっこし[b]ニモツのあとかたづけでいそがしかった。ナナはあちこちに首をつっこんでジャマするので、ママが「外で遊んでらっしゃいよ。探検する所がいっぱいあるでしょ？」と言った。探検？　そうね……。ナナは裏階段の例のダストシュートを探検することに決めた。ウチから近い三階のやつ。

ダストシュートをあけるためには、まず、黒ずんだ古いガムテープをはがさないといけない。これがひどい代物《しろもの》だった。ノリがねばばかたまっていて、ナナは両手のつめを六コだめにした。それで、家に帰って、ママのスリランカ製(注)のレターナイフをこっそりと持ち出す。ガリガリやる。時間がかかりそう。ナナはとちゅうでおやつを食べに帰り、またテープはがしに熱中した。

それにしても、この裏階段はいい場所！　ちょっとばかり、ボロきたなくて、じめじめしてるけど、ナナが一人じめできるから。

[A]。秘密の場所。

前にcカりていたマンションにはこんないい階段はなかった。エレベーターはあったけどあそこで遊ぶと大人が怒る。エレベーターなんていらない。肝心《かんじん》なのは、裏階段、そしてダストシュートだ。このエモノをほっぽっておくなんて、②みつばコーポラスの子供はさえないやつらだ。三階に同い年の女の子がいるって？　きっと金魚みたいにおとなしいロクデナシだぞ。

ガリガリガリ。ゴリゴリゴリ。

裏階段はひっそり静か。でも、ナナは油断しなかった。廊下《ろうか》からひたひたと足音が聞こえた時、すばやくレターナイフをスカートのポケットにすべりこませる。

「なんだ。ウチのワルお嬢《じょう》ちゃんか」

「なんだ。ウチのパーさんか」

あぶない。あぶない。パパが灰皿片手に煙草《たばこ》を吸いにやってきたのだ。

パパは煙草が大好き。ベッドで一服、食後に一服、トイレの一服、歩いて一服。ところが、ママは煙草が大きらいときている。二人はさんざんケンカした後、三つの約束をした。『家の中で吸わない』『ナナのそばで吸わない』『一日一箱』――[B]。

「なんで、ベランダで吸わないのよ？」

とナナは怒った声で聞いた。秘密の遊びをじゃまされておもしろくない。

「今日は風が強いんだよ。煙《けむり》がいっぺんにぶっとんじまって、吸った気がしないよ。それにママはベランダで吸うのもイヤがるんだ。鉢植《はちう》えに悪いってさ。あのバラのやつ」

「ふうん」

「ここは、いい場所さ。ウチからざっと③五十歩だし、人が来ない、風が来ない、煙草がうまい」

「ふうん」

裏階段は、パパにとっても、特別な場所なのか。パーさん、いいセンスね！　ナナはポケットの上からレターナイフをさわる。

「④オレから二メートルくらい離《はな》れてろよ」

パパはそう言って、階段のはしっこに腰《こし》かけた。そばにアルミ製の灰皿を置き、煙草に火をつける。白い煙がぶんぶくぶん。

（中略）

「ねえ、パーさん。煙がみんな、ダストシュートのほうに行くよ。ねえねえ、⑤ダストシュートが煙を食ってるよ」

「ほんとかい？」

パパはふりむいて、煙の行方を追った。そして、ふむふむとうなずくと、立ち上がってダストシュートを見にきた。ナナがボロボロギタギタにしたガムテープ。ナナが半分やぶった『使用禁止』のはり紙。しまった！

「また、おまえはワルサをして！」

「ねえ、あけたらダメ？」

ナナは真剣《しんけん》な顔でパパに聞いた。⑥パパはママよりだいぶ物わかりがいい。

（佐藤多佳子『モクーのひっこし』より　一部改）

（注）・レターナイフ　……　封筒の開封に使われる、ナイフ状の文具。

問1　本文中の波線部ａ～ｃのカタカナを漢字に直しなさい。

問2　ぼう線部①「合い言葉」について、次のア～オの説明から、（1）「ママにとっての意味合い」、（2）「ナナにとっての意味合い」をそれぞれ一つずつ選び、記号で答えなさい。

ア　一見しただけでは意味が分からないように見えるが、二人の中では共通の理解があるもの。

イ　「他者からされてうれしいことを自分もするべきだ」という、家族の中の守るべき教えとなるもの。

ウ　言葉の内容に反して、それを聞いてしまったら逆のことがしたくてたまらなくなるようなもの。

エ　子どもの関心があるものを大切にしてあげようという、思いやりがにじみ出ているもの。

オ　自分の中の守るべき基準を明確にして、相手の行動を具体的に制限しようとしているもの。

問3　本文中の空らん［A］に当てはまる言葉を、本文中から五字でぬき出しなさい。

問4　ぼう線部②「みつばコーポラスの……さえないやつらだ」とナナが思った理由を本文中の言葉を使って三十字以内で説明しなさい。

問5　本文中の空らん［B］に入る言葉として最も適当なものを、次のア～エの中から一つ選び、記号で答えなさい。

ア　ケンカの決着はつかなかった　　イ　パパは守っていないけど　　ウ　ケンカはパパの負けだ　　エ　ママは煙草が好きになった

問6　ぼう線部③「五十歩」を使って【少しの違いはあるが、本質的には差がないこと】という意味になる漢字五字の言葉を答えなさい。

問7　ぼう線部④「オレから二メートルくらい離れてろよ」と言った理由を、本文中の言葉を使って二十五字以内で答えなさい。

問8　ぼう線部⑤「ダストシュートが煙を食ってるよ」に使われている表現技法を次のア～エの中から一つ選び、記号で答えなさい。

ア　反復法　　イ　対句《ついく》法　　ウ　倒置法　　エ　擬人《ぎじん》法

問9　ぼう線部⑥「パパはママよりだいぶ物わかりがいい」を説明した文として最も適当なものを、次のア～エの中から一つ選び、記号で答えなさい。

ア　パパはママより社会経験が多くあり、世の中における多くの物事を理解しているということ。

イ　パパはママとは考え方が違い、ナナのよくする「ワルサ」にも理解を示すことがあるということ。

ウ　パパはママと煙草についてケンカした後、ママよりナナの味方をするようになったということ。

エ　パパはママに内緒で煙草を吸いに来ているため、ナナの「ワルサ」も認めざるを得ないということ。

問10　この文章の表現に関する説明として最も適当なものを、次のア～エの中から一つ選び、記号で答えなさい。

ア　本文の中で、擬音語や擬態語が効果的に使われており、読み手が状況を想像しやすい文章になっている。

イ　ナナがパパのことを「パーさん」と呼んでいることから、二人の心の距離がまだ近くないことがほのめかされている。

ウ　「ダストシュート」や「ゴミ・トラック」などカタカナ表記が多数あり、みつばコーポラスの新しさが強調されている。

エ　ナナの行動や状態が客観的に描かれているため、子どもの心の中まではまだわからない不思議さが表現されている。

3

次の①～⑤の文の波線部がくわしく説明している部分を、次のぼう線部の中から一つずつ選び、記号で答えなさい。

①　冬の　アおだやかな　イ日差しは　ウとても　エ暖かい。

②　ア庭の　イ鳥たちの　ウにぎやかな　鳴き声で　エ目を　オ覚ました。

③　ア君こそは　チームの　イ代表に　ウふさわしい　エ人物だ。

④　アあの人は　イ待ち合わせ場所に　十分遅《おく》れで　ウゆっくりと　エ現れた。

⑤　あの　ア大きな　イ白い　ウ家には　エきれいな　オ赤い　カ花が　キ咲《さ》きます。

4

次の①～⑤のぼう線部の漢字として適当なものを次のア～クから一つずつ選び、四字熟語を完成させなさい。

①一朝一セキ　②一セキ二鳥　③一心不ラン　④一進一タイ　⑤一コク一城

ア　覧　イ　石　ウ　対　エ　乱　オ　夕　カ　国　キ　退　ク　穀

問題は以上です

余
白

令和５年度

海星中学校入学試験問題

― 前期 ―

国　語

（100点50分）

（注意事項）

1．試験開始の合図があるまで，問題冊子の中を見てはいけません。

2．問題は，10ページまであります。

3．問題冊子や解答用紙の印刷が見にくいときや，試験中にページのぬけ落ちなどに気付いた場合は，手をあげて先生に知らせなさい。

4．試験開始の合図で解答用紙の受験番号のらんに受験番号をはっきりと記入しなさい。

5．解答は，すべて解答用紙に記入しなさい。

6．えんぴつまたはシャープペンシルを使用しなさい。

7．試験終了の合図で筆記用具をおき，解答用紙を集め終わるまで席に着いていなさい。

8．問題冊子は持ち帰ってよろしい。

※国語・算数・理科・社会は必須，英語は選択者のみ。
合否の判定は国語・算数は必須，理科・社会・英語のうち高得点１科目の300点満点。

2023(R5) 海星中
教英出版

1 次の文章1は、「デパート・個人商店といった店の種類によって接客の言葉に違《ちが》いがあるのか」という問いに、文章2は、「南米から来た人を『地球の裏側からのお客様です』と紹介《しょうかい》したら、※配慮《はいりょ》を欠いた表現だと指摘《てき》されたが、なぜか」という問いにそれぞれ答えたものです。これを読んで、あとの各問いに答えなさい。

お詫び
著作権上の都合により、文章は掲載しておりません。
ご不便をおかけし、誠に申し訳ございません。
教英出版

お詫び

著作権上の都合により、文章は掲載しておりません。ご不便をおかけし、誠に申し訳ございません。

教英出版

お詫び

著作権上の都合により、文章は掲載しておりません。
ご不便をおかけし、誠に申し訳ございません。

教英出版

お詫び

著作権上の都合により、文章は掲載しておりません。
ご不便をおかけし、誠に申し訳ございません。

教英出版

（国立国語研究所編『日本語の大疑問』より 一部改）

（注）・配慮を欠いた …… 心づかいの足りない。（配慮：心づかい、気づかい）
・ぞんざい …… いいかげんに物事をするさま。
・早計 …… 早まった考え。
・問題の文脈 …… ここでは、「南米から来た人を『地球の裏側からのお客様です』と紹介したら、配慮を欠いた表現だと指摘された」という問題のことをさす。
・相対的 …… 物事が他との関係において成り立つさま。
・妥当 …… よく当てはまっており、適切なさま。
・吟味 …… 物事を念入りに調べること。

(2) 1日目の朝8時に，水そうにAを6匹，Bを18匹，Cを1匹入れると，3日目の朝8時にAとBとCの合計は何匹になっていますか。

(3) 毎朝8時のときのA，B，Cの数がそれぞれ変化しないようにするには，1日目の朝8時に，水そうにA，B，Cをそれぞれ何匹ずつ入れておけばよいですか。A，B，Cの合計がもっとも少ない場合を答えなさい。ただし，A，B，Cはそれぞれ1匹以上入れるものとします。

(4) (3)のとき，水そうにさらにA，Bと魚Dを入れます。えさとなるAとBがいる限り，魚Dは夜7時から次の日の朝8時までに1匹につきAをちょうど66匹，Bをちょうど45匹食べます。Dの数が増えることはありません。毎朝8時のときのA，B，C，Dの数がそれぞれ変化しないようにするには，1日目の朝8時に，水そうにA，B，C，Dをそれぞれ何匹ずつ入れておけばよいですか。A，B，C，Dの合計がもっとも少ない場合を答えなさい。ただし，A，B，C，Dはそれぞれ1匹以上入れるものとします。

問題は以上です。

5 さまざまな生物が互《たが》いに「食べる，食べられる」関係にあることを食物連鎖《しょくもつれんさ》といいます。ひかるさんとあずささんはこの食物連鎖に関して，異なる種類の生物どうしが共生できる個体数の関係について研究しています。そこで，植物プランクトンA，動物プランクトンB，魚Cの3種類を用いて調べることとしました。これら3種類の生物に次の①～④のような関係があるとき，あとの各問いに答えなさい。

［関係］

> ① Aは朝8時から昼12時までの間に，朝8時の数の100倍に増えます。
> ② えさとなるAがいる限り，午後にBは1匹《ひき》につきAを33匹《ひき》食べ，それより多く食べることはありません。33匹食べたBは生き残りますが，33匹食べられなかったBは夜7時まで生き残ることはできません。
> ③ 生き残ったBは夜7時までに10倍に増えます。
> ④ えさとなるBがいる限り，Cは夜7時から次の日の朝8時までに1匹につきBをちょうど81匹食べます。Cの数が増えることはありません。ただし，Cは生きているBしか食べません。

(1) ひかるさんとあずささんは下の【実験1】と【実験2】について話しています。このとき，2人の会話文の［ア］から［ク］にあてはまる数を答えなさい。

【実験1】・・・　朝8時にAを10匹，Bを20匹水そうに入れて，その日の夜7時までA，Bの数の変化を観察します。

【実験2】・・・　朝8時にAを5匹，Bを20匹水そうに入れて，その日の夜7時までA，Bの数の変化を観察します。

ひかる：まず【実験1】について考えてみよう。朝8時にAを水そうに10匹入れるから，昼12時にAは［ア］匹になっているね。

あずさ：午後にBが食べるAの数の合計は［イ］匹ね。つまり午後7時に残っているAの数は［ウ］匹ということになるね。

ひかる：Bはすべて生き残ることができるから，午後7時にBは［エ］匹になるということだね。

あずさ：じゃあ次に【実験2】についても同じように考えてみましょう。

ひかる：朝8時にAを水そうに5匹入れるから，昼12時にAは［オ］匹になるけれど，これは20匹のBが食べるAの数の合計よりも［カ］匹少なくなるよ。Aは1匹も生き残らないね。

あずさ：Aを33匹食べることができるBはもっとも多くて［キ］匹だから，夜7時には［ク］匹になっているってことね。この実験のAとBの数では明日には共生できなくなってしまうのね。

(4) 10段目まで段を増やした立体の表面のうち，黒色の面は全部で何面あるか，求めなさい。

(5) 10段目まで段を増やしましたが，上から5段目までをくずしてしまいました。残った立体の表面のうち，黒色の面は全部で何面あるか，求めなさい。

4 それぞれ同じ大きさの白の立方体と黒の立方体があります。これらの立方体を1段ごとに2個ずつ増やして段を増やしていきます。また，1段目は白の立方体，2段目は黒の立方体，3段目は白の立方体，・・・と色を交互《こうご》に変えるものとします。下の図は，4段目まで段を増やした立体を正面から見たときのものです。このとき，あとの各問いに答えなさい。

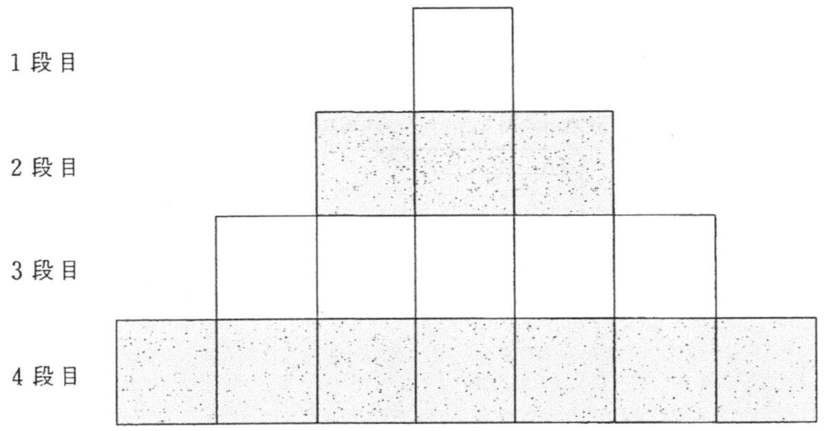

(1) 4段目まで段を増やした立体を真上から見るとどのように見えますか。解答用紙の図に黒色に見える部分をぬりつぶしなさい。

(2) 50段目まで段を増やしたとき，どちらの色の立方体が何個多く使われていますか，色と個数を求めなさい。

(3) 51段目まで段を増やしたとき，どちらの色の立方体が何個多く使われていますか，色と個数を求めなさい。

(3)　下の図の立体の体積を求めなさい。

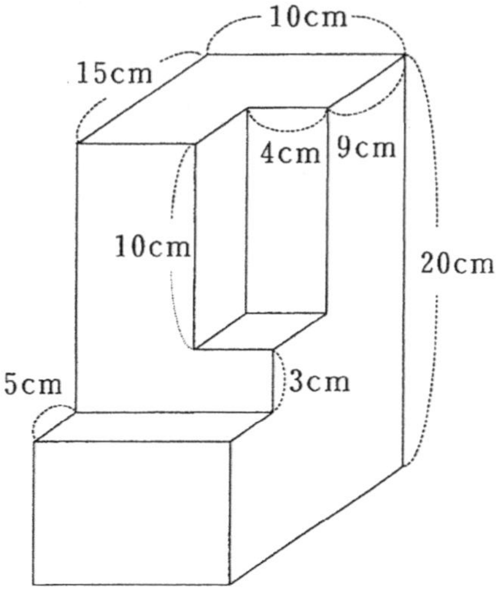

4　次の掲示の内容に関して，問１と問２の書き出しに続く表現として最も適当なものを，あとの①～④の中から１つ選び記号で答えなさい。

World *Youth Day

Let's get together in Kaisei School.
World Youth Day 2023 *will be held in *Lisbon, *Portugal.
***Pope Francis will speak to young people all over the world.**
Everyone can watch his speech on TV together.

Date:　Sunday, August 8, 2023
Time:　10 a.m. to noon
Meeting Place:　*Calasanz Hall

If you want to join us, please send an email to Ms. Mizuno.

注）*youth 若者、青年　*will be held 開催されることになっている
*Lisbon リスボン　*Portugal ポルトガル　*Pope Francis ローマ教皇フランシスコ
*Calasanz Hall カラサンス館（創立者聖カラサンスの名前にちなんだ海星にある施設）

問１　In Calasanz Hall, everyone can watch the Pope's speech together
① from 10 a.m. on August 8.
② from noon on August 8.
③ from 8 a.m. on August 10.
④ from 12 p.m. on August 23.

問２　If you want to join,
① send a letter to Kaisei.
② tell Francis.
③ make a phone call to Ms. Mizuno.
④ send Ms. Mizuno an email.

5 次のメール文の内容に関して，問１と問３はその内容に合うようにそれぞれの質問に対する答えとして，問２は書き出しに続く表現として最も適当なものを次の①～④の中から１つ選び記号で答えなさい。

From: Aki Shimabukuro
To: Dieu Thi
Date: January 7, 2023
Subject: *Lunar New Year's Day

Hi, Dieu! How are you? I enjoyed New Year's Day with my family on January first. In Okinawa, we *celebrate Lunar New Year's Day. It changes every year because of the lunar calendar. It will be on January 22 in 2023. We eat special food and watch a dance called "shishi-mai." I know you celebrate the Lunar New Year in *Vietnam, too. What do you do for it?

Bye for now,
Aki

From: Dieu Thi
To: Aki Shimabukuro
Date: January 8, 2023
Subject: Spring Holiday

Hi, Aki. How nice to hear from you! We call Lunar New Year's Day "Spring Festival," or "Tet" in *Vietnamese. We eat special food, too. My grandmother cooks rice inside banana leaves. We often *decorate our home in red. People say that a bad monster comes to our towns but it's afraid of red. I'm looking forward to January 22 this year. I hope I will see "shishi-mai" in Okinawa someday.

See you,
Dieu

注） *Lunar　月の、陰暦の　　*celebrate 祝う　　*Vietnam ベトナム(国名)
*Vietnamese ベトナム語　　*decorate 飾り付ける

問 1　When is the Lunar New Year's Day in 2023?

① January 1.
② January 7.
③ January 22.
④ We don't know.

問 2　Lunar New Year's Day is called

① January Festival in Vietnam.
② Spring in English.
③ Tet in Vietnamese.
④ Holiday in Japan.

問 3　What do Aki and Dieu usually do for Lunar New Year?

① They eat special food.
② They watch "shishi-mai."
③ They decorate their home in red.
④ They meet in Okinawa.

6　次の英文の内容に関して，問１～問４はその内容に合うようにそれぞれの質問に対する答えとして、問５は書き出しに続く表現として，最も適当なものを次の①～④の中から１つ選び記号で答えなさい。

My name is Jun. I like vehicles. Vehicles are cars, bicycles, buses, trains, airplanes, ships, and so on. When I was a small boy, I had a lot of toy vehicles.

My grandfather drives an *electric car. It doesn't *produce CO2. It is a kind of *ecofriendly cars. There are some other ecofriendly cars. For example, *solar car, *biofuel car, *hydrogen car, and so on. Those cars are getting more and more popular.

I have my own ecofriendly vehicle now. I usually go to school on the vehicle. It doesn't produce any CO2. I am proud of it. It's my bicycle.

注）　*electric 電気の　*produce 生産する　*ecofriendly 自然に優しい
*solar car 太陽光発電で動く車　*biofuel car バイオ燃料で動く車
*hydrogen car 水素エンジン車

問１　Which are **not** vehicles?
① Buses.
② Trains.
③ Schools.
④ Ships.

問２　Does Jun's grandfather drive an ecofriendly car?
① No, he wasn't.
② No, he didn't.
③ Yes, they do.
④ Yes, he does.

問３　Are electric cars ecofriendly?
① Yes, it is.
② No, they're not.
③ Solar cars.
④ Yes, they are.

問 4　How does Jun go to school?

① By electric car.

② By ecofriendly car.

③ By bicycle.

④ By school vehicle.

問 5　When Jun was small, he had

① cars.

② a bicycle.

③ many airplanes.

④ many toys.

問題は以上です。

4 ヒトの血液じゅんかんと呼吸について，次の各問いに答えなさい。

問１　心臓は一定のリズムでゆるんだり，縮んだりをくり返して血液を送り出しています。このような心臓の動きのことを，はく動といい，はく動によって起こる血管の動きを脈はくといいます。Aさんは，体重が40kgで，1分間に脈はく数が70回であり，はく動1回あたりに心臓が送り出す血液の体積が$60cm^3$でした。ヒトの血液$1cm^3$あたりの重さを1.05g，ヒトの体重に対する血液の重さの割合を体重の7.5％として，以下の問いに答えなさい。

（１）Aさんの血液の体積(L)を求めなさい。必要であれば四捨五入し，小数第1位まで求めなさい。
（２）Aさんが1分間に送り出す血液の体積(L)を求めなさい。
（３）1時間あたりに，Aさんの血液が全身を回って心臓にもどる回数を求めなさい。必要であれば四捨五入し，整数で答えなさい。

問２　図1は，ヒトの心臓と出入りする血液の流れを表したものです。心臓のしくみについて述べた文として最も適当なものを，あとの①～⑥の中からすべて選び，記号で答えなさい。なお，図中の矢印はすべて血液の流れを表しています。

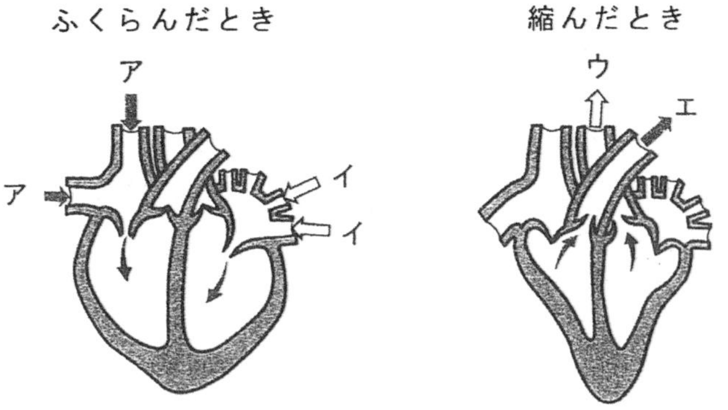

図１

① ア・イは，酸素を多くふくむ血液が肺から流れ込んできている。
② ア・イは，二酸化炭素を多くふくむ血液が肺から流れ込んできている。
③ ウ・エは，酸素を多くふくむ血液が全身へ送り出されている。
④ ウ・エは，二酸化炭素を多くふくむ血液が全身へ送り出されている。
⑤ 心臓では，酸素を多くふくむ血液と，二酸化炭素を多くふくむ血液は混ざらない。
⑥ 心臓は4つの部屋に分かれており，血液は必ず上の部屋から下の部屋に流れる。

問３　図２は，ヒトの血管について表したものです。図２中の血管**オ**と**カ**について述べた文として，最も適当なものをあとの①～⑦の中からそれぞれ１つずつ選び，記号で答えなさい。

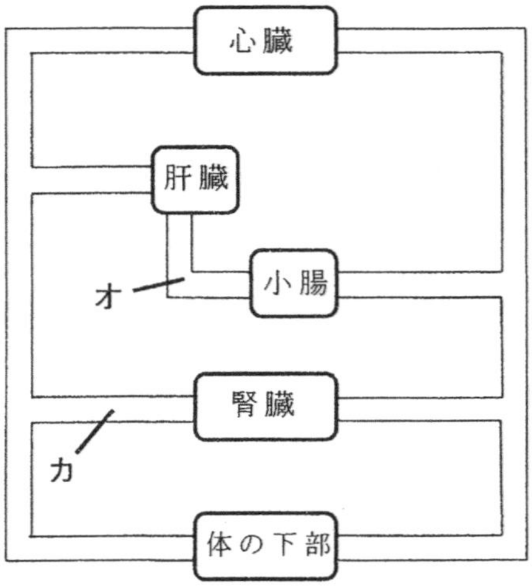

図２

① 血管**オ**を流れる血液は食後，最も多く栄養をふくんでいる。
② 血管**オ**を流れる血液は食後，最も多く酸素をふくんでいる。
③ 血管**オ**を流れる血液は食後，最も多く二酸化炭素をふくんでいる。
④ 血管**カ**を流れる血液にふくまれる栄養は最も少ない。
⑤ 血管**カ**を流れる血液にふくまれる酸素は最も少ない。
⑥ 血管**カ**を流れる血液にふくまれる二酸化炭素は最も少ない。
⑦ 血管**カ**を流れる血液にふくまれる不要なものは最も少ない。

問4　次の表 1 は，呼吸における吸う息とはく息にふくまれる成分とその割合をまとめたものです。表中の**キ**〜**コ**は，酸素，二酸化炭素，ちっ素，水蒸気のいずれかを示しています。**キ**〜**コ**に当てはまる気体の組み合わせとして最も適当なものを，あとの①〜⑧の中から1つ選び，記号で答えなさい。

表 1

	キ	ク	ケ	コ
吸う息	空気中と同じ	0.03%	21%	78%
はく息	非常に多い	4%	16%	78%

	キ	ク	ケ	コ
①	水蒸気	酸素	二酸化炭素	ちっ素
②	水蒸気	二酸化炭素	酸素	ちっ素
③	水蒸気	ちっ素	二酸化炭素	酸素
④	水蒸気	二酸化炭素	ちっ素	酸素
⑤	ちっ素	酸素	二酸化炭素	水蒸気
⑥	ちっ素	二酸化炭素	酸素	水蒸気
⑦	ちっ素	水蒸気	二酸化炭素	酸素
⑧	ちっ素	二酸化炭素	水蒸気	酸素

問5　運動前と運動後では，呼吸数とはく動数はどうなりますか。次の文中の空らん**サ**・**シ**に，「増加する」，「減少する」，「変わらない」のいずれかの語句をそれぞれ答えなさい。

呼吸数は，(　　**サ**　　)。
はく動数は，(　　**シ**　　)。

問6　クジラは呼吸のためにときどき海面に鼻を出して空気を出し入れしていますが，メダカなどの魚にはそのような行動は見られません。その理由について説明しなさい。

5 メダカやヒトにおける生命のたんじょうについて，次の各問いに答えなさい。

問１　メダカを飼うときに整えるかんきょうについて正しい組み合わせを，次の表１の**ア～ク**の中から１つ選び，記号で答えなさい。

表１

	水そうを置く場所	水温	水	水草
ア	直射日光の当たる場所に置く	4℃	くみ置かない水道水	入れる
イ	直射日光の当たる場所に置く	4℃	くみ置かない水道水	入れない
ウ	直射日光の当たる場所に置く	25℃	くみ置いた水道水	入れる
エ	直射日光の当たる場所に置く	25℃	くみ置いた水道水	入れない
オ	直射日光の当たらない場所に置く	4℃	くみ置かない水道水	入れる
カ	直射日光の当たらない場所に置く	4℃	くみ置かない水道水	入れない
キ	直射日光の当たらない場所に置く	25℃	くみ置いた水道水	入れる
ク	直射日光の当たらない場所に置く	25℃	くみ置いた水道水	入れない

問２　ヒトが１度に産む子は約１人であるのに対して，メダカが１度に産む卵の数は10～50個です。なぜ，ヒトとメダカでは１度にうむ子や卵の数にこのようなちがいがあるのでしょうか，その理由を説明しなさい。なお，うまれた後の生活環境のちがいに注目して答えなさい。

問３　ヒトは，母親の子宮の中で受精卵を成長させ，ヒトの形になってから産まれます。母親の子宮の中にいる間，子はたいばんやへそのおを通して母親とつながり，成長するために必要なものを受けとっています。子が主に受けとっているものを２つ答えなさい。

問4　2023年4月1日時点で，受精後4週目の子が子宮の中にいるとすると，その子はおよそいつごろ生まれてくると予想できますか。最も適当なものを次の**ア**～**キ**の中から1つ選び，記号で答えなさい。

ア　2023年　4月　5日
イ　2023年　5月　18日
ウ　2023年　7月　25日
エ　2023年　9月　15日
オ　2023年　11月　25日
カ　2024年　1月　25日
キ　2024年　3月　15日

6 太陽と月について，次の問いに答えなさい。

問１　ある晴れた日，海星中学校の校庭に，図１のように方角を書き入れた観察用紙の中心に棒を立てた装置を設置しました。あとの各問いに答えなさい。

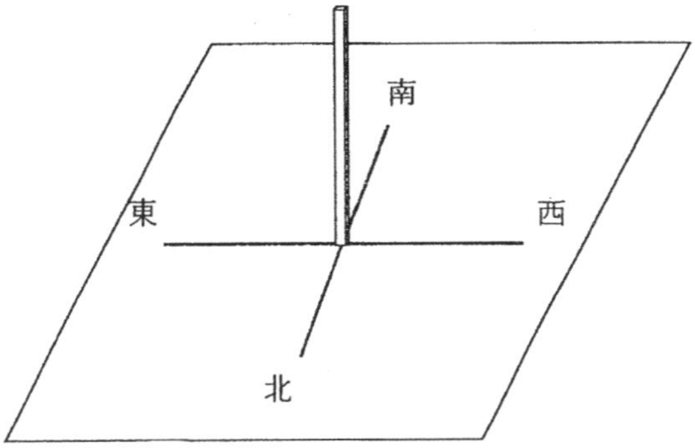

図１

（１）図１の装置を用いて，午前８時から午後４時までの間に，２時間おきに棒のかげの動きを調べました。これについて，次の文中の空らん**ア**～**ウ**に，東西南北のいずれかの方角を書き入れなさい。

> 棒のかげは，観察用紙の（　**ア**　）の方角から（　**イ**　）の方角を通って（　**ウ**　）の方角へと動いた。

（２）１日に見られるかげの長さについて述べた文として最も適当なものを，次の①～⑤の中から１つ選び，記号で答えなさい。

①　午前からだんだん長くなり，夕方に最も長くなる。
②　午前からだんだん短くなり，夕方に最も短くなる。
③　正午に最も長くなる。
④　正午に最も短くなる。
⑤　１日中変わらない。

問2　ある日，南の空に図2のような半月を見ました。これについて，あとの各問いに答えなさい。

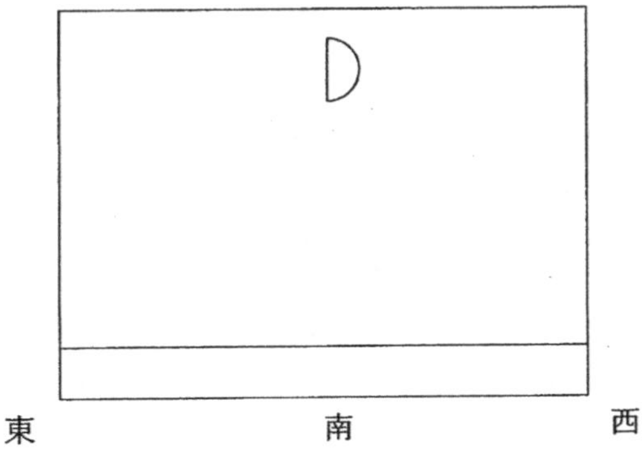

図 2

（1）月が地平線の下からのぼってくるときのようすを，解答らんの図に描き入れなさい。ただし，月の形や方角などにも気をつけて答えなさい。

（2）図2の月を観察してから7日後の月の形として最も適当なものを次の**ア**～**ク**の中から1つ選び，記号で答えなさい。

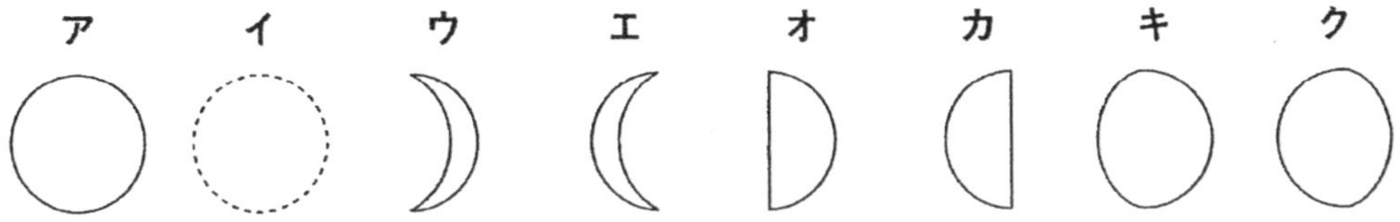

問３　月について述べた文として適当なものを，次の**ア**～**ク**からすべて選び，記号で答えなさい。

ア　満月の３日後に見られる月を三日月という。
イ　自分で光を出してかがやいている。
ウ　地球からの光を反射してかがやいている。
エ　しゃ光板を用いて観察する。
オ　月の表面にはクレーターがある。
カ　月の表面にはたくさんの水や空気がある。
キ　太陽がのぼっている時間帯には月を見ることはできない。
ク　晴れた夜でも月を見ることができない日がある。

問題は以上です。

余　白

余　白

4 令和4年度における四日市市の一般会計予算は約 1309 億円となり，過去最高額を大幅に更新しました。四日市市の予算の使い方の一部を次の①~④に示しましたが，それぞれ，あ～えの何という項目に入りますか。正しい組み合わせのものをア～クから２つ選び答えなさい。

① 新型コロナウイルス感染症対策事業費《かんせんしょうたいさくじぎょうひ》
② 学校給食運営費
③ 近鉄四日市駅周辺等整備事業費
④ 四日市市プレミアム付デジタル商品券事業費

あ 衛生費　　い 商工費　　う 土木費　　え 教育費

ア ①・う　　イ ②・あ　　ウ ③・え　　エ ④・あ　　オ ①・え
カ ②・え　　キ ③・い　　ク ④・い

問題は以上です。

問７　下線部(き)について，次の表は日本で消費される《　だいず，牛肉，くだもの，魚かい類　》が，どれくらいの割合を海外から輸入しているかをまとめたものです。表の①～④にはそれぞれどの食料が入るか答えなさい。

食料名	主な輸入先(国名)	輸入量の割合(2015 年)	国内生産量(2016 年)
①	中国，チリ	50,5%	49,5%
②	アメリカ，ブラジル	93,0%	7,0%
③	アメリカ，フィリピン	60,5%	39,5%
④	オーストラリア，アメリカ	59,4%	40,6%

〈財務省貿易統計より作成〉

問８　下線部(く)について，次の(１)(２)の問いに答えなさい。

(１)　世界の様子を表した地球儀について述べた文章を読み，空らんア～ウに当てはまる語句をそれぞれ答えなさい。

> 地球儀には，たてと横の線が引かれており，たての線は(　ア　)，横の線は(　イ　)とそれぞれよばれている。また，(イ)の中でも北半球と南半球とを分ける基準となっている線は(　ウ　)とよばれ，(A)この線の直下にある国々は基本的に年間の平均気温が高い。

(２)　(1)の文章中の下線部(A)について，これに当てはまる国名として最も適当なものを次の①～④から１つ選び，記号で答えなさい。(その際，下記の世界地図も参考にしなさい。)

《　① 南アフリカ共和国　　② スペイン　　③ インドネシア　　④ イタリア　》

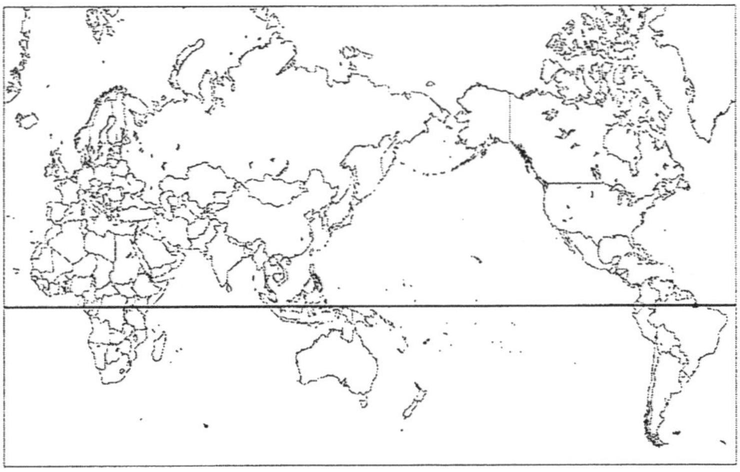

（3）（2）の都道府県のうち，３番目に訪れた都道府県の説明文としてあやまっているものを次の①~⑤の中からすべて選び，記号で答えなさい。

① 縄文時代における大規模な遺跡の１つである，三内丸山遺跡はこの地にある。
② この地は，古墳時代に栄えた様子がうかがえ，日本最大の古墳も現存している。
③ 鎌倉時代には源頼朝がこの地に幕府を開いたことでも知られている。
④ この地には徳川家康をまつる日光東照宮が建てられている。
⑤ 江戸時代にここは「天下の台所」と言われ，経済の中心地として栄えた。

問４　下線部(え)について，アジアに属《ぞく》する国の１つに中国がありますが，中国の国旗として最も適当なものを，次の①~⑥の中から１つ選び，記号で答えなさい。

問５　下線部(お)について，海ではたびたび赤潮が発生することがあります。では，赤潮が起きる原因として考えられることは何ですか。15 文字以上で説明しなさい。

問６　下線部(か)について，次の説明文は何という漁を指しますか。次の①~④より１つ選び，記号で答えなさい。

説明文【　数日がかりで行うこともある日本近海で行う漁業　】

《　① 沿岸漁業　　② 養しょく業　　③ 遠洋漁業　　④ 沖合漁業　》

問３　下線部(う)について，次の(１)(２)(３)の問いに答えなさい。

(１)　次の表は各都道府県名とその地でどのような特産物(それぞれ生産量が全国１位のもの)があるかをまとめたものです。表の空らんア～エに当てはまる語句の組み合わせとして最も適当なものを，次の①～⑥から１つ選び，記号で答えなさい。

都道府県名	主な特産物
ア	米，　まいたけ
イ	いちご，　かんぴょう
ウ	みかん，　梅
熊本県	(　エ　)，　すいか

① ア：北海道　イ：福島県　ウ：愛媛県　エ：さつまいも
② ア：新潟県　イ：山形県　ウ：和歌山県　エ：トマト
③ ア：秋田県　イ：栃木県　ウ：愛媛県　エ：ピーマン
④ ア：新潟県　イ：山梨県　ウ：和歌山県　エ：なす
⑤ ア：北海道　イ：山形県　ウ：愛媛県　エ：レタス
⑥ ア：新潟県　イ：栃木県　ウ：和歌山県　エ：トマト

(２)　次の文章は，日本中を旅している太朗さんから届いた手紙です。手紙からは，四つの都道府県をたずねたことがわかります。その都道府県の順番として正しくなるように，語群を並べ替え，記号で答えなさい。

語群：① 神奈川　② 佐賀県　③ 青森県　④ 滋賀県
⑤ 福岡県　⑥ 大阪府　⑦ 山形県　⑧ 愛知県

夏の訪《おとず》れとともに私は日本をまわる旅に出かけました。これまで様々な都道府県に行きましたが，やはり東北地方はどことなく涼しいですね。庄内平野は広大で，多くの品種のお米を育てていました。いねかりの時が待ち遠しかったです。おいしそうなお米を見ていたら急に「のり」が食べたくなったので，日本有数の，のりの産地である有明海を目指して移動しました。ここは，のりの養殖が有名で，のりが出来上がる工程も見学させてもらえました。のりが出来るまでにはたくさんの方の努力がありました。次に私は日本のものづくりを見るために移動しました。日本でも有数の人口をほこる都市の１つであるここでは，約 6000 もの中小工場がひしめき合う街があり，日本のものづくりを支えている様子を直に見ることができました。そして，私は今回の旅の最後に中京工業地帯を目指しました。ここはまさしく日本の工業の中心で，自動車工場や製鉄所がありました。ここで完成した自動車は世界中へと輸出されていきますが，近年は海外の現地工場での生産も増えているようです。それではまた！

3 次の文章を読み，あとの各問いに答えなさい。

日本は(あ)自然が豊かな国で，実に面積の６割以上が(い)森林で占められています。また，水も豊富で，ここ四日市市にも川や地下水が流れ，私たちのくらしを支えています。水は飲む以外にも様々な作物を育てる時にも役立てられ，その中でも，米は古くから日本の主食として栽培されてきました。

(う)各都道府県における米の生産状況を見てみると，各地で多種多様な米が収かくされています。また，米は日本だけでなく世界中で食べられており，特に(え)アジアで盛んに栽培，そして消費されています。

さらに，周囲を(お)海に囲まれた日本は，魚の種類も多く，たくさんの船が日々(か)漁を行い，食卓をにぎやかにしてくれています。その一方で日本は，国内で消費される(き)多くの食品を外国からの輸入に頼っており，日本の食料自給率は低下しているのが現状です。

日本は(く)世界と結びつくことで食料や資源を輸入することが出来ています。

問１　下線部(あ)について，自然がもたらす災害を自然災害と言いますが，次の①～⑥の中から，自然災害としてあやまっているものを１つ選び，記号で答えなさい。

①　地震　　②　ふん火　　③　津波　　④　土砂くずれ　　⑤　原発事故　　⑥　台風

問２　下線部(い)について，森林を説明した文章として，次の①～④の中から最も適当なものを１つ選び，記号で答えなさい。

①　森林のうち天然林は，人が種から育てた木が多く，様々な種類の木が生えている。
②　森林を管理するには多くの労働者が必要なため，林業を行う人は年々増加している。
③　国や都道府県では，森林を保護するために，木を切ることを禁止している。
④　森林は，木材を生産するだけでなく，二酸化炭素を吸収し，酸素を放出している。

問1		問2	問4	問6	問8	問9	問10
a	d	I					
b	e	主語	問5	問7			
		述語	A				
c		II					
		主語	B				
		述語					
		問3					

令和５年度　海星中学校入学試験解答用紙　算数〔前期〕

受験番号	

※100点満点
（配点非公表）

1

(1)	(2)	(3)
(4)	(5)	(6)
(7)		

2

(1)	(2) 人	(3) cm
(4) 本	(5) 時速 km	(6) 通り
(7) 回		

3

(1) cm^2	(2) cm^2	(3) cm^3

令和５年度　海星中学校入学試験解答用紙　英語〔前期〕

受験番号	

※100点満点
（配点非公表）

1

問 1	問 2	問 3	問 4	問 5
問 6	問 7	問 8	問 9	問 10
問 11	問 12	問 13	問 14	問 15
問 16	問 17	問 18	問 19	問 20

2

問 1	問 2	問 3	問 4	問 5

【解答用紙

(0

令和５年度　海星中学校入学試験解答用紙　理科〔前期〕

受験番号	

※100点満点
（配点非公表）

1

問１	問２	問３
問４　　　%	問５　　　g	問６

2

問１	問２	問３
問４	問５	問６

3

問１　　　秒	問２　　　秒	問３
問４	問５	

令和5年度　海星中学校入学試験解答用紙　社会〔前期〕

受験番号	

※100点満点
（配点非公表）

1

問1	ア		イ		ウ		
問2		問3					
問4	ア		イ				
問5		問6		問7			
問8		問9		問10			
問11							
問12	①		②				

2

（1）	問1	ア		イ		ウ		エ	
	問2								
（2）	問1	ア		イ		ウ		エ	
	問2								
（3）	問1	ア		イ		ウ		エ	
	問2								

3

問1			問2					
問3	(1)		(2)					
	(3)							
問4								
問5								
問6								
問7	①		②		③		④	
問8	(1)	ア		イ		ウ		
	(2)							

4

3)
】

4

問1(1)　　L	問1(2)　　L	問1(3)　　回
問2	問3 オ	問3 カ
問4	問5 サ	問5 シ
問6		

5

問1		
問2		
問3		問4

6

問1(1)ア	問1(1)イ	問2(1) 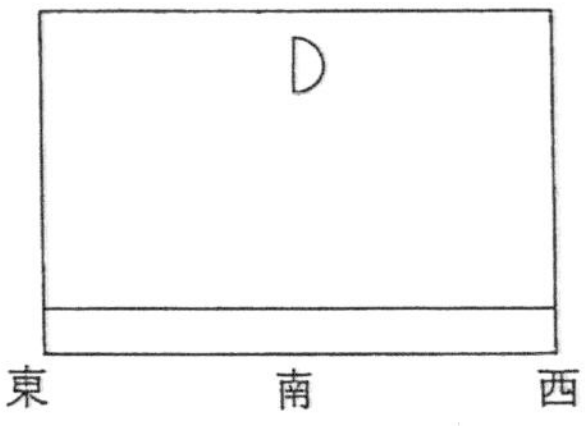
問1(1)ウ	問1(2)	
問2(2)	問3	

3

問 1	問 2	問 3	問 4	問 5

4

問 1	問 2

5

問 1	問 2	問 3

6

問 1	問 2	問 3	問 4	問 5

4

(1)							
(2)	色の立方体が	個多い
(3)	色の立方体が	個多い
(4) 面	(5) 面	

5

(1) ア	イ	ウ
エ	オ	カ
キ	ク	

(2) 匹			
(3) A 匹	B 匹	C 匹	
(4) A 匹	B 匹	C 匹	D 匹

令和五年度　海星中学校　入学試験解答用紙　国語　前期

受験番号	

※100点満点
（配点非公表）

1

問1　a　b　c　d　e

問2

問3　2　3

問4

問5

問6　4　5　6

問7

問8

問9

問10

(3)

江戸幕府は，大名を統制するために武家諸法度というきまりを定めた。3代将軍(　ア　)は，この中に新しく(　イ　)の制度を加えて，大名は1年おきに江戸と領地を行き来するようになった。また，幕府はキリスト教に対して厳しく対応し，スペインやポルトガルの来航も禁止された。日本と交易がゆるされた国である(　ウ　)も長崎出島での取引に限定された。その一方で，江戸時代は大きな戦いもなく，百姓の子どもでも(　エ　)で「読み・書き・そろばん」などを習った。こうした動きは，(あ)江戸時代における文化の発展にもつながっていった。

問1　文章中の空らんア～エに当てはまる語句をそれぞれ答えなさい。

問2　下線部(あ)について，次の画像2は「東海道五十三次」のうちの1つで，四日市を描いたものです。では，この浮世絵を描いた人物は誰か，次の①～④の中から最も適当な人物を1人選び，記号で答えなさい。

《　① 本居宣長　　② 歌川広重　　③ 伊能忠敬　　④ 杉田玄白　》

画像2

2　次の様々な時代について書かれた(1)～(3)の文章を読み，あとの各問いに答えなさい。

(1)

平安時代を代表する一族に藤原氏がおり，11世紀ごろに活躍した藤原道長の時に絶頂をむかえた。道長は自分の娘を(　ア　)と結婚させ，生まれた子を(ア)にすることで大きな力をにぎった。藤原氏は645年に中大兄皇子《なかのおおえのおうじ》と共に(あ)蘇我《そが》氏を倒した(　イ　)の子孫である。また，平安時代の貴族は写真2のような豪華《ごうか》な邸宅《ていたく》に住む者もおり，このような住居の形式を(　ウ　)という。そして，平安時代の終わりには武士が活躍したが，(　エ　)は武士としてはじめて太政大臣になった。

写真2

問1　文章中の空らんア～エに当てはまる語句をそれぞれ答えなさい。

問2　下線部(あ)について，中大兄皇子らは蘇我氏を倒し，強力な国づくりを進める政治の改革を行いました。では，その政治改革を何というか，答えなさい。

(2)

室町幕府は，3代将軍の(　ア　)の時代に大きく力を伸ばしたとされている。(ア)は政治的な権力をにぎっただけでなく，貿易面においても力を注ぎ，多大な利益を得，金閣も建てた。また，この時代の後半は特に戦いが激《はげ》しくなり，戦国の世が本格化する中で安土桃山時代へと突入する。多くの武将が争う中で，(あ)織田信長は1543年にポルトガル人が日本に伝えた(　イ　)をたくみに活用し，大きく勢力を伸ばしていった。そして，1600年には「天下分け目の戦い」と言われた(　ウ　)が起き，この戦いに勝利した徳川家康が次の時代の中心となっていった。その一方で，室町時代は，1549年にスペインの宣教師(　エ　)が鹿児島に来たことをきっかけに，キリスト教が広く日本人に知られるようになった。

問1　文章中の空らんア～エに当てはまる語句をそれぞれ答えなさい。

問2　下線部(あ)について，織田信長は京都の本能寺にいた時に，とある人物に攻《せ》められ，自《みずか》ら命をたちました。では，その人物は誰か，答えなさい。

問 10　下線部(け)について，次の画像１は，日露戦争直前の各国の関係を表したものです。では，画像１中に当てはまらない国名を次の①～⑥の中から２つ選び，記号で答えなさい。

《　① 日本　　② アメリカ　　③ ロシア　　④ フランス　　⑤ イギリス　　⑥ 中国　》

画像１

問 11　下線部(こ)について，次の写真１は 1953 年に日本の工場がアメリカ軍の飛行機を修理している時の様子です。なぜ，このようなことになったのですか，当時の様子を考えながら 40 文字程度で答えなさい。

写真１

問 12　下線部(さ)について，2016 年から選挙権年齢が引き下げられましたが，どのように変わりましたか。次の空らん①と②に当てはまる数字を，それぞれ答えなさい。

「　【　①　】歳以上から【　②　】歳以上に引き下げられた　」

問５　下線部(え)について，次の①～④はソ連についての文章です。内容が最も適当なものを①～④の中から１つ選び，記号で答えなさい。

① ソ連は第二次世界大戦後，日本の竹島を占領し，現在は韓国がここを占拠している。
② 第二次世界大戦後，ソ連はアメリカと対立し，日本はソ連中心の「東側」に入った。
③ 現在の日本の憲法(日本国憲法)は，ソ連の考えが多く取り入れられたものである。
④ ソ連は今ではもう存在していないが，現在その領土の多くはロシアが引き継いでいる。

問６　下線部(お)について，日本が戦った太平洋戦争中の出来事として，次の①～④の語句を古いものから順番に並べかえなさい。

① 空襲《くうしゅう》をさけるために集団そかいが始まる　② 日本がハワイのアメリカ軍基地を攻撃する
③ 沖縄にアメリカ軍が上陸する　④ 広島と長崎に原爆が落とされる

問７　下線部(か)について，次の①～④は第一次世界大戦についての文章です。内容が最も適当なものを①～④の中から１つ選び，記号で答えなさい。

① 日本は戦いには参加していないが，ヨーロッパへの輸出を大きく伸ばした。
② この戦いの最中に日本は朝鮮半島に攻め込み，韓国を併合《へいごう》した。
③ 日本はこの戦いに参加しておもにアメリカと戦い，アメリカの本土へも攻め込んだ。
④ この戦いはドイツ側が敗れて終結したが，この間に日本は中国への影響力を強めた。

問８　下線部(き)について，満州国を建国した日本は国際的に非難され，建国の翌年にはとある国際的な組織から脱退しています。では，その組織を何と言いますか。漢字で答えなさい。

問９　下線部(く)について，次の①～④はアメリカについての文章です。内容が最も適当なものを①～④の中から１つ選び，記号で答えなさい。

① アメリカの首都はニューヨークで，この街は世界的な文化の発信地にもなっている。
② アメリカはヨーロッパ系やアジア系の人々が中心で，アフリカ系の人はくらしていない。
③ アメリカには広大な農場があるが，人口が多いため育てた作物は全て国内で消費されている。
④ 日本からアメリカへの最大の輸出品は自動車で，アメリカからは大豆などが輸出されている。

問１　文章中の空らんア～ウに当てはまる語句を答えなさい。その際，次の注意点を読みなさい。
【注意点】
・アは次の①~③から１つ選び，記号で答えなさい。《　① 大阪　　② 京都　　③ 横浜　》
・イは漢字で答えなさい。
・ウは次の①~③から１つ選び，記号で答えなさい。
《　① 西郷隆盛　　② 田中正造　　③ 東郷平八郎　》

問２　下線部(あ)について，ブッダは，仏教を始めた人物として知られています。日本と仏教に関する次の文章を読み，最も適当なものを①~④の中から１つ選び，記号で答えなさい。

① 仏教を信じていた聖徳太子は，京都に法隆寺を建て，政治にも仏教の要素を取り入れた。
② 中国から何度も航海に失敗しても来日した行基は，日本の仏教の発展に大きく貢献《こうけん》した。
③ 藤原京をつくった聖武天皇は，東大寺に巨大な大仏を造った。
④ 平安時代に建てられた平等院鳳凰堂には，極楽浄土に行きたい人々の思いが込められている。

問３　下線部(い)について，次の①~⑤から，鳥取県のおおよその形として最も適当なものを１つ選び，記号で答えなさい。(各縮尺は統一されていません。)

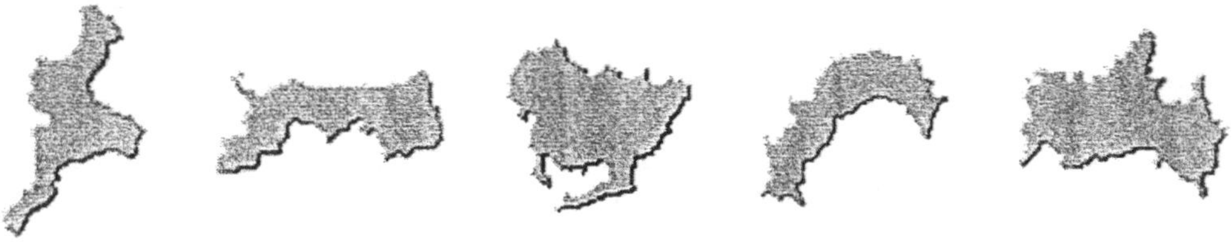

①　②　③　④　⑤

問４　下線部(う)について，大正時代に関する次の文章を読み，文章中の空らんア・イに当てはまる語句を答えなさい。その際，アは漢字５文字で答え，イは次の①~③の中から最も適当な人物を１人選び，記号で答えなさい。

《　① 北条政子　　② 津田梅子　　③ 平塚らいてう　》

大正時代は 1912 年から始まり，1923 年に(　ア　)という地震災害が発生したことでも知られている。その一方で，女性の活躍《かつやく》も目立つようになり，タイピストや電話交換手《こうかんしゅ》といった新しい仕事では主に女性が活躍した。女性が社会に進出する中で，より女性の自由と権利を拡大させ，女性の地位向上を目指した運動を(　イ　)らが展開した。

1　次の文章は，小学校の先生と生徒との会話です。会話文を読み，あとの各問いに答えなさい。

生徒：先生，2022 年はどうでしたか？

先生：突然どうしたの？いやぁ，例年通りその日その日を全力で頑張ったよ。

生徒：すばらしいですね。突然ですが，2022 年はとある有名な漫《まん》画家が生まれて 100 周年だったのを知っていますか？

先生：え？そうだなぁ……。『鉄腕アトム』や(あ)『ブッダ』の作者，手塚治虫《てづかおさむ》ですか？

生徒：違いますね。正解は『ゲゲゲの鬼太郎』を描いた水木しげるです。

先生：おぉ。(い)鳥取県の境港《さかいみなと》市には彼の記念館もありますね。一度行ったことあるのになぁ。

生徒：1922 年の(う)大正 11 年生まれですね。

先生：あぁ。(え)ソ連が成立した年ですね。この辺りの時代はまさに激動ですよね。ここから７年後の 1929 年には世界恐慌《せかいきょうこう》が始まり，やがては二回目の世界大戦や(お)太平洋戦争へと突入していく……。

生徒：人は歴史から学ぶことができるのにまだまだ争いが絶えませんね。(か)世界大戦なんて 1914 年に一度経験していたのに……。あと，私なりに 2022 年に節目を迎えた出来事をまとめましたので，次の表１を見て下さい。

	西暦	内容
①	1872 年	鉄道正式開業から，150 年をむかえた。
②	1892 年	『羅生門《らしょうもん》』の作者である，作家の芥川龍之介《あくたがわりゅうのすけ》が生まれて 130 年をむかえた。
③	1902 年	「日英同盟」を結んだ年から，120 年をむかえた。
④	1932 年	(き)「満州国」建国から，90 年をむかえた。
⑤	1972 年	沖縄が(く)アメリカから日本へ復帰してから，50 年をむかえた。

表１

先生：色々ありますねぇ。表１の①は確か最初に，新橋から(　ア　)まで開通したんでしたね。

生徒：そうです。ちなみに，表１の②の『羅生門』は，平安時代を舞台にした作品ですが，この時代に(　イ　)が書いた『枕草子』は今日でも人気のある作品です。

先生：名作ですよね。ところで，表１の③についてですが，確かこの同盟を結んだ直後に(け)日露戦争が始まり，日本海海戦では(　ウ　)の指揮する艦隊《かんたい》が，ロシアの艦隊に勝利しましたね。

生徒：私が今回まとめた中で，最も印象に残ったのが，表１の⑤にある沖縄についてです。現在も沖縄には多くのアメリカ軍の基地が点在していますが，基地が減らない理由や(こ)日本とアメリカとの関係をこれからももっと学んでいきたいです。

先生：すごいぞ。そう，島国である日本が世界とどうつながり，そこからどういう動きになっていくのか，多面的に捉《とら》えていく必要がありますからね。日頃から(さ)政治や国際情勢に興味を持つことはとても大切ですね。

2023(R5) 海星中
K 教英出版

令和５年度

海星中学校入学試験問題

－ 前期 －

社　会

（100 点　40 分）

（注意事項）

１．試験開始の合図があるまで，問題冊子の中を見てはいけません。

２．問題は，11 ページまであります。

３．問題冊子や解答用紙の印刷が見にくいときや，試験中にページのぬけ落ちなどに気付いた場合は，手をあげて先生に知らせなさい。

４．試験開始の合図で解答用紙の受験番号のらんに受験番号をはっきりと記入しなさい。

５．解答は，すべて解答用紙に記入しなさい。

６．えんぴつまたはシャープペンシルを使用しなさい。

７．試験終了の合図で筆記用具をおき，解答用紙を集め終わるまで席に着いていなさい。

８．問題冊子は持ち帰ってよろしい。

1 次の各問いに答えなさい。

問１　図のようにシーソーの支点から 1m のところに，60kg の石が乗っています。この石の反対側に人が乗る（力を加える）ことで石が持ち上がる条件として適当なものを，**ア**～**エ**の中からすべて選び，記号で答えなさい。

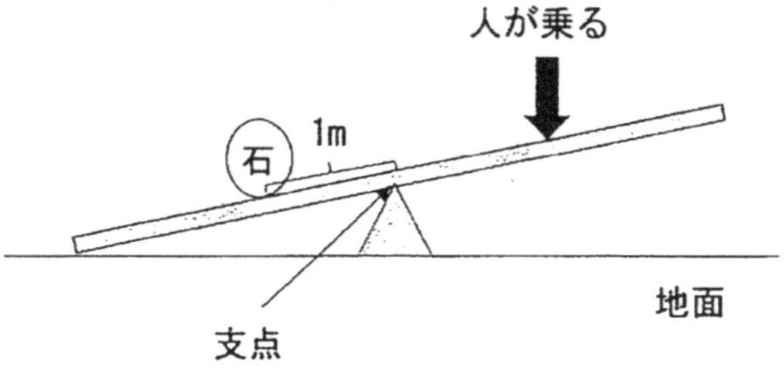

ア　体重 80kg の人が，支点を中心に石の反対側 1m の位置に乗る。
イ　体重 100kg の人が，支点を中心に石の反対側 50cm の位置に乗る。
ウ　体重 40kg の人が，支点を中心に石の反対側 2m の位置に乗る。
エ　体重 18kg の子どもが，支点を中心に石の反対側 3m の位置に乗る。

問２　磁石を近づけると引きつけられるものを**ア**～**カ**の中からすべて選び，記号で答えなさい。

ア　１円玉
イ　ペットボトル
ウ　別の磁石の異なる極
エ　ガラスのコップ
オ　ステンレス製のはさみ
カ　スチール缶

問３　音の性質について正しいものを**ア**～**ウ**の中からすべて選び，記号で答えなさい。

ア　音が空気中を進む速さは光よりも速い。
イ　音は宇宙空間ではほとんど伝わらない。
ウ　たいこをたたいたとき，音が大きいときほどかわの部分は小さくふるえている。

問４　食塩 12g を水 56g にとかしたときの食塩水の濃さは何％ですか。必要であれば四捨五入し，整数で答えなさい。

問５　40℃の水 100g にホウ酸を限界までとかすと，最大で 8.8g とけます。40℃で限界までホウ酸をとかした水溶液 200g には，何 g のホウ酸がとけていますか。必要であれば四捨五入し，整数で答えなさい。

問６　炭酸水から出る気体を試験管に集め，その試験管に石灰水をいれると，白くにごりました。炭酸水には何という気体がふくまれていますか。

2023(R5) 海星中
K 教英出版

2　次のグラフは，フラスコに入れた－50℃の氷を一定の温度で加熱したときの加熱時間と，物質の温度変化を示しています。あとの各問いに答えなさい。

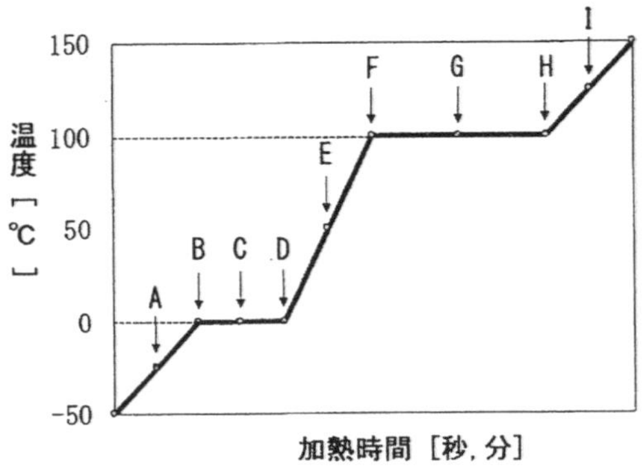

問１　氷がちょうどすべて液体となったところを，グラフ中の **A**～**I** の中から１つ選び，記号で答えなさい。

問２　グラフ中の **A**～**I** のうち，すべて液体となっている組み合わせを**ア**～**カ**の中から１つ選び，記号で答えなさい。

ア　BCD　　**イ**　CD　　**ウ**　DEF　　**エ**　G　　**オ**　CDEFG　　**カ**　HI

問３　氷を加熱し続けると氷が変化し，その表面だけでなく内部からもはげしく泡が出ました。この状態を何といいますか。最も適当なものを次の**ア**～**カ**の中から１つ選び，記号で答えなさい。

ア　蒸発　　**イ**　ふっとう　　**ウ**　しん食　　**エ**　蒸散　　**オ**　放出　　**カ**　爆発

問４　問３の状態で出た泡は何ですか。最も適当なものを次の**ア**～**カ**の中から１つ選び，記号で答えなさい。

ア　水蒸気　　**イ**　空気　　**ウ**　酸素　　**エ**　二酸化炭素　　**オ**　ゆげ　　**カ**　水素

問５　グラフ中の**A**～**I**のうち，問３の状態になっている組み合わせを**ア**～**カ**の中から１つ選び，記号で答えなさい。

ア　AB　　**イ**　BCD　　**ウ**　DEF　　**エ**　EF　　**オ**　FGH　　**カ**　HI

問６　この実験では，加熱を続けているにもかかわらず，BD間とFH間には温度変化が見られませんでした。このことについて述べた説明として正しいものを，**ア**～**ウ**の中からすべて選び，記号で答えなさい。

ア　BD間とFH間では温度変化がないので，熱が伝わっていない。
イ　BD間では氷から水，FH間では水から水蒸気に変化するために熱が使われたため，温度は変化しなかった。
ウ　BD間よりFH間の方が長い時間となる理由は，FH間の変化の方が必要とする熱が少ないからである。

3　下の図のように，天井からひもでつられたおもりがあります。①で静かに手を離し，おもりが 10 往復する時間を 3 回測定して，表にまとめました。この表から，おもりが 1 往復する時間を考えます。あとの各問いに答えなさい。

10往復する時間（秒）			1回め～3回めの平均時間（秒）
1回め	2回め	3回め	
14.3	14.3	14.2	問1の解答

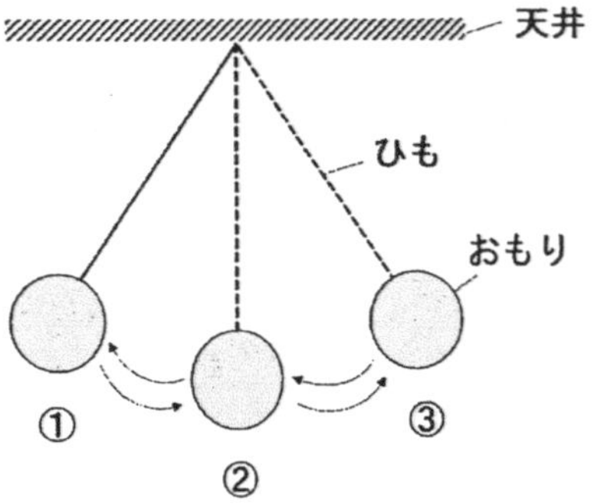

問 1　1 回あたりの 10 往復する時間は平均すると何秒ですか。必要であれば四捨五入し，小数第 1 位まで求めなさい。

問 2　おもりが 1 往復する時間は平均すると何秒ですか。必要であれば四捨五入し，小数第 1 位まで求めなさい。

問 3　1 往復の時間を長くするためにはどうすればよいですか。有効な方法として最も適当なものを次の**ア**～**エ**の中からすべて選び，記号で答えなさい。

ア　ひもの長さを長くする。
イ　ひもの長さを短くする。
ウ　おもりを重いものに変える。
エ　おもりを軽いものに変える。

問 4　おもりの速さが一番小さくなるところはどこですか。図中の①～③の中からすべて選び，記号で答えなさい。

問５　おもり１往復とはどこからどこまでですか。正しいものを次の**ア**～**カ**の中から１つ選び，記号で答えなさい。

ア　①　⇒　②
イ　①　⇒　②　⇒　①
ウ　①　⇒　②　⇒　③
エ　①　⇒　②　⇒　③　⇒　②
オ　①　⇒　②　⇒　③　⇒　②　⇒　①
カ　①　⇒　②　⇒　③　⇒　②　⇒　①　⇒　②

令和５年度

海星中学校入学試験問題

― 前期 ―

理　科

（100 点　40 分）

（注意事項）

1．試験開始の合図があるまで，問題冊子の中を見てはいけません。
2．問題は，14 ページまであります。
3．問題冊子や解答用紙の印刷が見にくいときや，試験中にページのぬけ落ちなどに気付いた場合は，手をあげて先生に知らせなさい。
4．試験開始の合図で解答用紙の受験番号のらんに受験番号をはっきりと記入しなさい。
5．解答は，すべて解答用紙に記入しなさい。
6．えんぴつまたはシャープペンシルを使用しなさい。
7．試験終了の合図で筆記用具をおき，解答用紙を集め終わるまで席に着いていなさい。
8．問題冊子は持ち帰ってよろしい。

3　次の日本語の意味を表すようにア～オを並びかえ，**2番目**と**4番目**に入る語句の組み合わせとして最も適当なものを，あとの①～④の中から１つ選び記号で答えなさい。ただし，先頭にくる語も小文字になっています。

問１　次の土曜日に川へ釣りに行くのはどうですか。

(ア in the river ／ イ how ／ ウ fishing ／ エ going ／ オ about) next Saturday?

(　　　)(　２番目　)(　　　)(　４番目　)(　　　) next Saturday?

① ウ－エ	② イ－エ	③ エ－ア	④ オ－ウ

問２　飴《あめ》をいくつ欲しいですか。

(ア you ／ イ candies ／ ウ how ／ エ do ／ オ many) want?

(　　　)(　２番目　)(　　　)(　４番目　)(　　　)want?

① オ－エ	② ア－エ	③ ウ－ア	④ エ－イ

問３　マリアはバレーボールが得意です。

(ア volleyball ／ イ is ／ ウ Maria ／ エ good ／ オ at).

(　　　)(　２番目　)(　　　)(　４番目　)(　　　).

① ア－エ	② オ－イ	③ イ－オ	④ ウ－エ

問４　サムのお姉さんはよくクッキーを焼きます。

(ア often ／ イ sister ／ ウ cookies ／ エ bakes ／ オ Sam's).

(　　　)(　２番目　)(　　　)(　４番目　)(　　　).

① ウ－エ	② イ－エ	③ エ－ア	④ ア－イ

問５　キムは昨日、コウと一緒に図書館で勉強しませんでした。

Kim did (ア in ／ イ with ／ ウ not ／ エ Ko ／ オ study) the library yesterday.

Kim did (　　　)(　２番目　)(　　　)(　４番目　)(　　　) the library yesterday.

① イ－ウ	② エ－イ	③ オ－エ	④ ウ－ア

2　次の会話について（　　）に入れるのに最も適当なものを，あとの①～④の中から１つ選び記号で答えなさい。

問１　Son　　: Mom, (　　　)
Mother: Check the first drawer.
Son　　: Oh, I found them.

① where are my trousers?
② where is the T-shirt?
③ which are my shoes?
④ what color is my scarf?

問２　Daughter: Dad, take me to the zoo next holiday.
Father　: I'll be busy next Saturday.　(　　)
Daughter: O.K. I'm looking forward to it.

① Sorry.
② I am going to work.
③ Let's not go.
④ How about next Sunday?

問３　Girl : This is a photo of my new friends. They speak Spanish.
Boy : (　　)
Girl : They are from Mexico.

① Where are they from?
② What language do they speak?
③ Which country will they live in?
④ How many countries did they visit?

問４　Boy : I'm really sleepy this morning. I want to go home early.
Girl : (　　)
Boy : I went to bed around midnight. I'll go to bed earlier.

① When do you usually go to bed at night?
② What time did you go to bed last night?
③ What were you doing last night?
④ What time will you get up tomorrow?

問５　Man　　: I watched the baseball game with my brother yesterday.
Woman: How was it?
Man　　: It was (　　) but he didn't enjoy it.

① exciting　　② excited　　③ surprising　　④ surprised

問 11　A: Shall we go skating next weekend?
B: Yes, (　　) do that.
① let's　② let's not　③ will　④ do

問 12　Eddy likes to grow flowers in his (　　) at home.
① garden　② vegetable　③ school　④ kindergarten

問 13　A: What did you buy for Ken's birthday?
B: I (　　) a pair of gloves.
① drank　② bought　③ drove　④ sold

問 14　February is (　　) than January.
① higher　② longer　③ stronger　④ shorter

問 15　Students, open your (　　) to page fifty-one.
① whiteboard　② notebook　③ textbook　④ calendar

問 16　A: Is there any milk in the refrigerator?
B: Sorry, but there is (　　) milk.
① no　② any　③ some　④ much

問 17　There are two cats (　　) the chair.
① over　② under　③ up　④ down

問 18　It is going to (　　) today. Take your umbrella.
① rain　② warm　③ hot　④ sunny

問 19　It's eleven fifty. Our train comes at twelve. We need to (　　) for ten minutes.
① run　② see　③ wait　④ speak

問 20　Amy finished her homework. She is (　　) TV now.
① watch　② watches　③ watched　④ watching

1 次の（　）に入れるのに最も適当なものを，あとの①～④の中から１つ選び記号で答えなさい。

問１ A: The soup is ready, but it's (　) hot to eat. You cannot eat it right now.
B: OK. I'll cool it down. Thank you.
① enough ② less ③ much ④ too

問２ A: Kaoru is my aunt's daughter.
B: So, she is your (　).
① uncle ② sister ③ cousin ④ mother

問３ I'm still thirsty. I'd like to have (　) glass of orange juice.
① the ② another ③ other ④ more

問４ I have a dog. I love him. (　) name is Tobby.
① It ② His ③ Her ④ My

問５ Bob and Steve are in the tennis club. Bob plays tennis with (　) every day.
① she ② their ③ him ④ we

問６ A: How much is a (　) to Yokkaichi?
B: It's 270 yen.
① key ② stamp ③ card ④ ticket

問７ A: How (　) is your winter vacation?
B: Three weeks.
① far ② much ③ long ④ often

問８ A: My brother is a high school student.
B: Oh, my sister is (　) a high school student.
① too ② also ③ another ④ well

問９ A: (　) I ask your name?
B: My name is Karen.
① Are ② May ③ Shall ④ Am

問10 (　) comes between Wednesday and Friday.
① Tuesday ② Thursday ③ Saturday ④ Sunday

令和５年度

海星中学校入学試験問題

― 前期 ―

英　語

（100 点　40 分）

（注意事項）

1．試験開始の合図があるまで，問題冊子の中を見てはいけません。

2．問題は，９ページまであります。

3．問題冊子や解答用紙の印刷が見にくいときや，試験中にページのぬけ落ちなどに気付いた場合は，手をあげて先生に知らせなさい。

4．試験開始の合図で解答用紙の受験番号のらんに受験番号をはっきりと記入しなさい。

5．解答は，すべて解答用紙に記入しなさい。

6．えんぴつまたはシャープペンシルを使用しなさい。

7．試験終了の合図で筆記用具をおき，解答用紙を集め終わるまで席に着いていなさい。

8．問題冊子は持ち帰ってよろしい。

3 次の各問いに答えなさい。

(1) 下の図の色をぬった部分の面積を求めなさい。

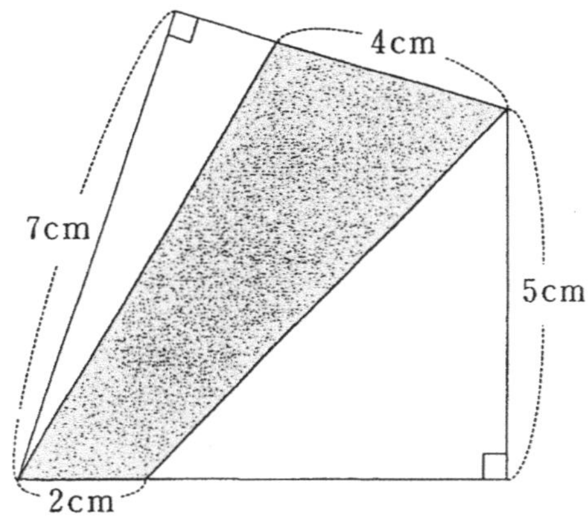

(2) 下の図は，1辺の長さが 4cm の正方形と直径が 4cm の半円を組み合わせたものです。また，半円の円周部分の真ん中に点をとります。このとき，色をぬった部分の面積を求めなさい。ただし，円周率は 3.14 とします。

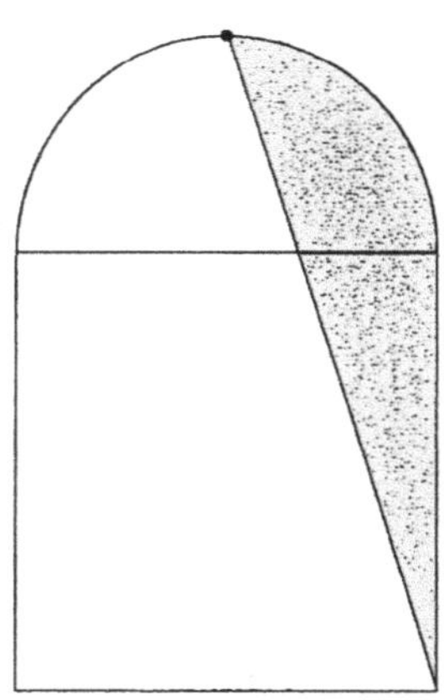

(5)　全体の長さが 127m の電車が，長さ 5652m のトンネルに完全にかくれている時間は 221 秒でした。この電車の速さは時速何 km ですか。

(6)　100 円玉が 2 枚，50 円玉が 5 枚，10 円玉が 6 枚あります。260 円にするには，何通りの方法がありますか。

(7)　矢を的に当てるゲームを行います。右の図のように的の円の中に矢を当てると 1 回につき 3 点もらえます。的の円の中に当たらない場合は 2 点ひかれます。50 回行ったあと，合計点は 80 点でした。的に当たらなかったのは何回ですか。

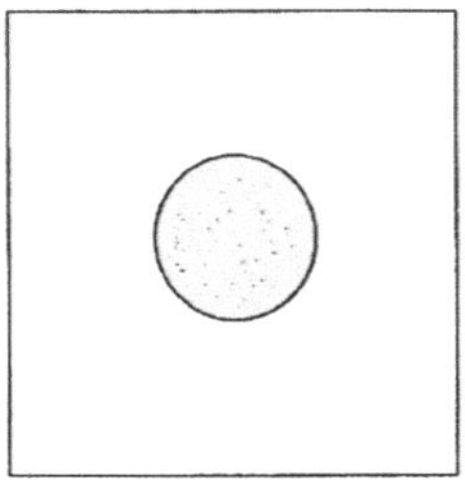

2 次の各問いに答えなさい。

(1) 6で割ると3あまり，7で割ると4あまる整数のうち，もっとも小さい整数は何ですか。

(2) ある観光地を去年訪れた人はおととしに比べて30%減少しましたが，今年訪れた人は，去年に比べて12%増加しました。おととし訪れた人が400000人であったとき，今年訪れた人は何人ですか。

(3) 8人の身長の平均を調べたら，150cmでした。その中から3人を選んで，身長の平均を計算すると155cmでした。残りの5人の身長の平均は何cmですか。

(4) ちはるさん，なつきさん，ふゆみさんはキノコがりに行きました。なつきさんはちはるさんより8本多く，ふゆみさんはなつきさんの2倍採ったところ，キノコはあわせて124本でした。ちはるさんが採ったキノコは何本ですか。

1 次の計算をしなさい。(7)については□にあてはまる数を答えなさい。

(1) $183+457-629$

(2) $7\times9-(21\div7+8)\times4$

(3) $4.8\times(5-2+7)\div0.6$

(4) $1+11+111+1111+11111+111111+1111111+11111111+111111111$

(5) $\left(\frac{3}{4}-\frac{2}{17}-\frac{9}{68}\right)\times68$

(6) $2\frac{1}{3}\div\left(1\frac{2}{9}-0.6\right)-0.25$

(7) $3\times\left\{\square+(2\times9-3)\div5\right\}\div5=6$

令和５年度

海星中学校入学試験問題

― 前期 ―

算　数

（100 点　50 分）

（注意事項）

1．試験開始の合図があるまで，問題冊子の中を見てはいけません。

2．問題は，9 ページまであります。

3．問題冊子や解答用紙の印刷が見にくいときや，試験中にページのぬけ落ちなどに気付いた場合は，手をあげて先生に知らせなさい。

4．試験開始の合図で解答用紙の受験番号のらんに受験番号をはっきりと記入しなさい。

5．解答は，すべて解答用紙に記入しなさい。

6．えんぴつまたはシャープペンシルを使用しなさい。

7．試験終了の合図で筆記用具をおき，解答用紙を集め終わるまで席に着いていなさい。

8．問題冊子は持ち帰ってよろしい。

問1　本文中の波線部ａ～ｅの漢字の読みをひらがなで答え、カタカナを漢字に直しなさい。必要なら送りがなも書くこと。

問2　空らん［1］に入る数字を算用数字で答えなさい。

問3　空らん［2］・［3］に入る内容として、最も適当なものを次のア～エの中から一つずつ選び、記号で答えなさい。

ア　比較《かく》的、接客マニュアルに忠実である
イ　接客マニュアルを完全に無視している
ウ　指導やマニュアルと、現場での実態とはかなり違っている
エ　指導やマニュアルが徹《てつ》底的に守られている

問4　空らん［ｉ］・［ⅱ］・［ⅲ］に入る語句の組み合わせとして、最も適当なものを次のア～エの中から一つ選び、記号で答えなさい。

ア　ｉ　デパート　ⅱ　スーパー　ⅲ　個人商店
イ　ｉ　スーパー　ⅱ　デパート　ⅲ　個人商店
ウ　ｉ　個人商店　ⅱ　スーパー　ⅲ　デパート
エ　ｉ　個人商店　ⅱ　デパート　ⅲ　スーパー

問5　ぼう線部①「こういうところ」とは、どのようなところか。本文中の語句を使って、二十五字以内で説明しなさい。

問6　空らん[4]・[5]・[6]に入る語として、最も適当なものを次のア～オの中から一つずつ選び、記号で答えなさい。

ア　なぜなら　イ　あるいは　ウ　したがって　エ　しかし　オ　ところで

問7　ぼう線部②「何ら問題はないはずです」とあるが、問題がないはずの「地球の裏側」という表現が「配慮を欠いた表現」と思われたのはなぜか。本文中より二十字以内でぬき出しなさい。

問8　空らん[7]に入る漢字二字の語を、考えて答えなさい。

問9　ぼう線部③「ものを見たり考えたりするときの基準」は、どこに置くのがよいと筆者は考えているか、本文中から五字で抜《ぬ》き出しなさい。

問10　文章1、2を読んだ生徒の感想として最も正しく読み取れているものを次のア～エの中から一つ選び、記号で答えなさい。

ア　1では敬語を正しく使うことが大切だと述べているけれど、実際は2のように相手への配慮を優先するべきだよね。

イ　1、2ともに相手への配慮を重要視しているため、どちらも日本語の特徴《ちょう》である敬語の大切さが強調されているね。

ウ　1では敬語のマナーについて述べているけれど、2にあるように外国人には敬語が伝わらないから、より配慮が必要だね。

エ　1と2では状況がかなり異なっているけれど、相手の立場や気持ちを考える事が大切だという点では共通しているね。

2 次の文章を読んで、あとの各問いに答えなさい。（高校生の「茜《あかね》」が学校の図書館へ向かう途中の場面です）

クラスメートに打ち明けても、共感してくれる人間は……おそらくいないだろう。だが、小さい頃《ころ》から、茜の生活の場には俳句があった。父の影響《えいきょう》で。

茜の父親は、地味なaコウムインなのに、妙《みょう》に「ブンガク」が好きで、家の本棚《ほんだな》には※万葉集《まんようしゅう》だの①夏目漱石だの※正岡子規《まさおかしき》だのが並んでいる。おかげで茜は小中高、今まで一度も国語の自由研究にはbコマラなかった。Ⅰ家の中に資料がいくらでもある。去年の夏休みに「桜の春」というテーマで日本文学作品を題材に書いたレポートは、学年中最優秀《しゅう》として表彰《しょう》されたほどだ。cハクジョウすると、父の資料だけでなく、少しだけ父本人にも手伝ってもらってしまったが。

その父は、文学の中でも俳句が好きで、地元の図書館で定期的に開かれている※句《く》会の常連になっているほどなのである。

Ⅱ小学校の頃から茜も俳句に親しんだ。男親と顔を突《つ》き合わせても話題が見つからないような時、子規が……、※虚子《きょし》が……、と持ち出すと、きまずい雰《ふん》囲気がなくなる。A間が持つ。そうしているうちに、父親そっちのけで俳句が好きになってきた。[1]字の短い言葉で表現することは簡単なようで、実はとても難しい。難しいからこそ、自分の気持ちにぴったりの言葉に出合った時の快感といったらほかにはないくらい、嬉《うれ》しい。茜にとっては何も堅《かた》苦しいものではない。お気に入りのJ-POPの歌詞も俳句も、[2]では似たようなものではないか。

でも、俳句を面白がってくれる人間なんて父親以外いなかった。わけのわからないつまらないものというなら※安部公房《あべこうぼう》も※与謝蕪《よさぶ》村《そん》も同じこと、というのが②圧倒的多数の女子高生の認識なのだ、それは認めなければいけない。

中学生の時に、たった一人見つけかけた同好者も、今は茜から遠い存在だ。短期間だったが、父親についていった句会にいた、唯一《ゆいいつ》の、茜と同い年の子。だが、その子は中学二年の時に転校してしまい、以来茜も顔を出す気がなくなった。俳句は③自分の内側だけで育てる宝物になった。

それでも、俳句はやっぱり生活の一部だ。ふと、お気に入りの句を口ずさんでいる自分に気づくこともある。それから、句の形もなしていない言葉を作っていることも。

今、クリアファイルやノートを抱《かか》えて歩きながら口からこぼれ出ているように。

「時は過ぎる、ただ歩く」

茜にとっては、これも俳句だ。ほとんど無意識のうちにつぶやいている言葉に、④自分が今どんな感情に支配されているか、自分でも初めて気づくようなことがよくある。

時は過ぎる。

暦《こよみ》の上ではすでに春だが、外はどんよりとdアツイ雲におおわれている。見るだけで寒そうだ。その鉛色《なまりいろ》の空のⅢように、茜の心もどんよりとしている。

ああ、また今日も何も起こらない一日が過ぎようとしている。どうでもいい時間。でも貴重な時間。明日になったらこんなことを考えていたのさえ忘れてしまう。とりとめのない時間。こうして自由な女子高生でいられる時間が限られていることも、わかっている。無駄《だ》で貴重な時間。時々叫《さけ》び出したいほど焦《あせ》るけど、けれど叫んだところで何にもならないこともよく知っている、お

e利口で平凡《ぼん》な十六歳《さい》の、須崎《すざき》茜。

図書室はすでに三クラス分の生徒でこみ合っていた。英会話のクラスで、※ディベート大会と称《しょう》する発表会が来週で、それぞれに原稿《こう》を用意しなくてはならないのだ。茜がぐずぐずしているうちにBめぼしい参考書も検索《さく》用のパソコンも全て使用中だ。

――いいや、まだ時間はあるから。今日でなくても。

そう考えた茜はぶらぶらと新着図書の棚《たな》に近づいていった。

（森谷明子『春や春』光文社文庫より 一部改）

（注）・万葉集……奈良時代に成立した、和歌を集めた作品。
・正岡子規……明治期に活躍した俳人・歌人。
・句会……俳句を作り、たがいに評価し合う集まり。
・虚子……高浜虚子《たかはまきょし》。俳人・小説家。正岡子規の弟子。
・安部公房……昭和期に活躍した小説家。劇作家。
・与謝蕪村……江戸中期の俳人・画家。
・ディベート……あるテーマについて別々の立場に分かれて行う討論。

問1　本文中の波線部a～eの漢字の読みをひらがなで答え、カタカナを漢字に直しなさい。必要なら送りがなも書くこと。

問2　二重ぼう線部Ⅰ・Ⅱについて、主語と述語をそれぞれ次のア～オの中から一つずつ選び、記号で答えなさい。

Ⅰ　ア家の　イ中に　ウ資料が　エいくらでも　オある。

Ⅱ　ア小学校の　イ頃から　ウ茜も　エ俳句に　オ親しんだ。

問3　二重ぼう線部Ⅲ「ように」と同じ使い方をされている「ようだ」を次のア～エの中から一つ選び、記号で答えなさい。

ア　山のような宿題。　イ　明日は晴れのようだ。　ウ　時間に遅れないようにする。　エ　東京のような大都市。

問4　ぼう線部①「夏目漱石」の作品名を、次のア～オの中から一つ選び、記号で答えなさい。

ア　走れメロス　イ　たけくらべ　ウ　坊《ぼ》っちゃん　エ　鼻　オ　城《き》の崎《さき》にて

問5　破線部A「間が持つ」、B「めぼしい」とは、ここではどういうことか。最も適当なものを次のア～オの中からそれぞれ一つずつ選び、記号で答えなさい。

A　ア　意見が合う　イ　話題が続く　ウ　時間が早く流れる　エ　無言になる　オ　距離が近くなる

B　ア　人気のある　イ　よく売れている　ウ　すぐ役に立つ　エ　わかりやすい　オ　取り上げる価値のある

問6　空らん［1］に入る数字を、漢数字で答えなさい。

問7　空らん［2］に入る内容として、最も適当なものを次のア～エの中から一つ選び、記号で答えなさい。

ア　短い言葉で気持ちを表すという点

イ　リズムに合わせて心情をうたうという点

ウ　流行しているものを味わうという点

エ　自分の気持ちを気ままに表現するという点

問8　ぼう線部②「圧倒的多数の女子高生の認識」とはどのような認識か。本文中の語句を使って二十五字以内で答えなさい。

問9　ぼう線部③「自分の内側だけで育てる宝物」とはどのようなものか。自分の言葉で、二十五字以内で説明しなさい。

問10　ぼう線部④「自分が今どんな感情に支配されているか」とあるが、茜はこのとき、どのような感情でいるか。本文中の語句を使って答えなさい。

問題は以上です。

令和４年度

海星中学校入学試験問題

－ 前期 －

国　語

（100点　40分）

（注意事項）

1．試験開始の合図があるまで，問題冊子の中を見てはいけません。
2．問題は，10ページまであります。
3．問題冊子や解答用紙の印刷が見にくいときや，試験中にページのぬけ落ちなどに気付いた場合は，手をあげて先生に知らせなさい。
4．試験開始の合図で解答用紙の受験番号のらんに受験番号をはっきりと記入しなさい。
5．解答は，すべて解答用紙に記入しなさい。
6．HBのえんぴつまたはシャープペンシルを使用しなさい。
7．試験終了の合図で筆記用具をおき，解答用紙を集め終わるまで席に着いていてください。
8．問題冊子は持ち帰ってよろしい。

※国語・算数・理科・社会は必須，英語は選択者のみ。
合否の判定は国語・算数は必須，理科・社会・英語のうち高得点１科目の300点満点。

2022(R4) 海星中
教英出版

1

次の文章を読んで、あとの各問いに答えなさい。

お詫び

著作権上の都合により、文章は掲載しておりません。

ご不便をおかけし、誠に申し訳ございません。

教英出版

（深草正博『ラジオで語った日本の社会と文化』より　一部改）

（注一）　天正地震・・戦国時代に起こった地震
（注二）　安政の大地震・・江戸時代に起こった地震
（注三）　日米和親条約・・江戸時代に結ばれた日本とアメリカの条約
（注四）　伊賀上野地震・・江戸時代に起こった地震
（注五）　衰退・・力や勢いがおとろえること
（注六）　終焉・・終わること

問１　ぼう線部（ア）（イ）（エ）の漢字は読みをひらがなで書き、（ウ）（オ）のカタカナを漢字に直しなさい。

問２　ぼう線部①「これ」とあるが、「これ」が指し示す内容を本文中から五字で抜《ぬ》き出しなさい。

問３　ぼう線部②「遭《あ》わず」の主語と修飾語を、本文中から抜き出しなさい。

問４　本文中の（　あ　）～（　お　）に入る言葉として最も適当なものを、次のア～オの中から選び、それぞれ一つずつ記号で答えなさい。

ア　すなわち　　イ　ところで　　ウ　そして　　エ　次に　　オ　まず

問５　本文中の（　Ａ　）に入る言葉として最も適当なものを、次のア～オの中から一つ選び、記号で答えなさい。

ア　第一次世界大戦開戦　　イ　第一次世界大戦終結　　ウ　第二次世界大戦開戦　　エ　第二次世界大戦終結
オ　朝鮮戦争終結

問６　ぼう線部③「その間隔が違ってきているように思います」とありますが、どのように違ってきていますか。本文中の言葉を使って、四十字以内で説明しなさい。

問7　本文中の（　Ｂ　）に入る語句として最も適当な言葉を、次のア～オの中から一つ選び、記号で答えなさい。

ア　一〇～二〇年　　イ　二〇～三〇年　　ウ　三〇～四〇年　　エ　四〇～五〇年　　オ　五〇～六〇年

問8　ぼう線部④「不気味な」の意味として最も適当なものを、次のア～オから一つ選び、記号で答えなさい。

ア　恐ろしげな　　イ　静かな　　ウ　いかがわしそうな　　エ　いぶかしげな　　オ　明快な

問9　ぼう線部⑤「先人の教えを生かしたいと思います」とありますが、作者がこのように考える理由として最も適当なものを、次のア～オの中から一つ選び、記号で答えなさい。

ア　むかしの人の体験はとても貴重なので、その体験を後の人に語りついでいくことに価値があるから。
イ　むかしの人の体験したことをもとにつくられた教訓は、今のわたしたちの生活にもつながっているから。
ウ　むかしの人が体験したことをもとにつくられた教訓は、今災害が起こっても命を守るのに役に立つから。
エ　むかしの人が体験したことをもとにつくられた教訓は、今のわたしたちの命を守るには不十分であるから。
オ　むかしの人が体験したことをもとにつくられた教訓は、災害のときに避難所で生活をする上で役に立つから。

問10　ぼう線部⑥「常日頃から備えねばならないと心から思います」とあるが、作者がそう思う理由を五十字程度で説明しなさい。

問11　本文で作者が伝えたいことを「ことわざ」にしたとき、最も適当なものを次のア～オの中から一つ選び、記号で答えなさい。

ア　一難さってまた一難　　イ　案ずるより産むがやすし　　ウ　一事が万事　　エ　石橋をたたいて渡る
オ　備えあれば憂《うれ》いなし

2 次の文章を読んで、あとの各問いに答えなさい。

仲田真二郎。みんなは俺《おれ》をジローを呼ぶけど、正しい名前はこうだ。物心付いてから、仲田君と呼ばれることも、真二郎君と呼ばれることもなかった。まず、仲田。田舎のこの地域は同じ苗字《みょうじ》が多い。中でも仲田は人気の苗字ベスト1で、中学校だけでも八人いる。ややこしいから苗字で呼ぶことは却下《きゃっか》。じゃあ名前でとなると、名前が長い。前半の真をとって、あだ名の王道「しんちゃん」でいいのだけど、保育園から同じクラスに真司というやつがいて、「しんちゃん」というあだ名を独占《どくせん》していた。そいつのほうが小さくてかわいくて、いかにも「しんちゃん」だからしかたがない。

そういうもろもろの事情があり、俺の呼び名はジローとなった。クラスメートや先輩《せんぱい》はもちろん、小学一年生から中学三年生にいたるまで、いつの時代の担任もほとんど行くことのない保健室の先生まで、俺のことをジローと呼んだ。

「ジロー、話があるんだけど、今から学校まで出てこれるか?」

中学校最後のバスケ部の大会が終わった翌日、担任の小野田が家に電話をよこした。①ここ最近の行動を振《ふ》りかえってみたけど、悪いことはたぶんしていない。それに小野田の声色《こわいろ》は優しい。ということは、説教ではなくお願いだ。

俺は小学生のころから物を頼《たの》まれることは、いつもクラスナンバー1だった。「ジローが気楽で助かる」歴代の担任教師はみんなそう喜んだ。

今も俺は生徒会の書記を（　A　）ているけど、これだって立候補じゃない。

「書記だけ立候補が出ないんだよ。ジローやってよ」

去年の終わり、生徒会担当の宮原に言われた。（　あ　）、さすがの俺も生徒会役員となると、ほいほい返事はできなかった。（　い　）書記とか面倒《めんどう》くさそうだしなと渋《しぶ》っていると、生徒(ア)シドウ主任の織田が出てきて、「なんだ、ジロー、ぐちぐち言わずにやれ」と(注)一喝《いっかつ》された。市野中学は小さな学校だけど、三年生は五十二人いる。五十二分の一で俺を呼び出して怒《おこ》るのもひどい話だけど、やっぱり俺は引き受けた。

「頼まれたら断るな」これが母親の教えだ。頼んでもらえるのはありがたいことだ。幼いころからそう言われ続けたから、俺の人生はずっとそんな感じ。「ジロー、プリント配っといて」「あれ、給食当番一人欠席か。ジロー頼むわ」そういう雑用から、「ちょっと学級委員やる人誰《だれ》もいないの? じゃあ、ジローで」というものまで。厄介《やっかい》だとは思うけど、どんなことでもやっただけ何かがあるというの

2022(R4) 海星中
K 教英出版

余　白

(2)　海星中学校でクイズ大会を行うことになりました。このクイズ大会には5人の生徒が参加します。クイズは全部で 200 問あり，そのクイズに一番はやく正解した生徒が1点もらえます。200 問すべてが終えたときの合計点で順位が決まります。このクイズ大会に参加した生徒は，たかしさん，れいさん，さえこさん，さやさん，こうたさんの5人です。150 問まで終了したときの5人の得点はそれぞれ，51 点，44 点，31 点，13 点，11 点です。なお，このクイズの問題は必ず正解する生徒がいるものとします。

①　れいさんは，残り 50 問のうち，あと何問正解すれば優勝が確定しますか。

②　さえこさんは，残り 50 問のうち，あと何問正解すれば2位以内が確定しますか。

問題は以上です。

③　1～10 の数字を入力すると，それぞれ【例 2】のように表示されます。次の表示はどの数字を入力したときの表示画面ですか。

○	○	●	○	○	●
○	●	●	○	●	●

【例 2】

○	○	○	○	○	○
○	○	○	○	○	●

1 と入力

○	○	○	○	○	●
○	○	○	○	○	●

2 と入力

○	○	○	○	○	○
○	○	○	○	●	○

3 と入力

○	○	○	○	○	○
○	○	○	○	●	●

4 と入力

○	○	○	○	○	●
○	○	○	○	●	●

5 と入力

○	○	○	○	●	○
○	○	○	○	●	○

6 と入力

○	○	○	○	●	○
○	○	○	○	●	●

7 と入力

○	○	○	○	●	●
○	○	○	○	●	●

8 と入力

○	○	○	○	○	○
○	○	○	●	○	○

9 と入力

○	○	○	○	○	○
○	○	○	●	○	●

10 と入力

5 次の各問いに答えなさい。

(1) コンピュータにある数字を入力すると，コンピュータの画面に○と●が次のように表示されるプログラムがあります。プログラムとは，コンピュータにさせることを，順番に書き出した命令のことです。次の各問いに答えなさい。

① 1～5 の数字を入力すると，それぞれ【例 1】のように表示されます。10 の数字を入力するとどのように表示されますか。

【例 1】

○	○	○	○	○	○	○	●	1 と入力
○	○	○	○	○	○	●	○	2 と入力
○	○	○	○	○	○	●	●	3 と入力
○	○	○	○	○	●	○	○	4 と入力
○	○	○	○	○	●	○	●	5 と入力

② ①と同じプログラムで，ある数字を入力しました。次の表示はどの数字を入力したときの表示画面ですか。

○	●	○	●	●	●	○	●

2022(R4) 海星中
K 教英出版

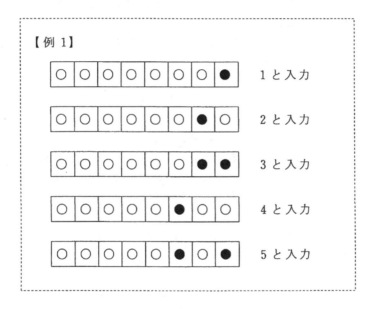

(3)　次の会話文は，海星マートの店員のもとこさんとかおるさんの会話です。会話文を読み，（ア）～（オ）にあてはまる数を答えなさい。

もとこ：食材を多く仕入れすぎると，どうしてもフードロスが出てしまうね。
かおる：本来は食べられるのに，捨てられてしまう食品や食材のことね。
残った食品や食材は，次の日に残すことができないし，ゴミを増やすことにもなるね。
もとこ：食材があまらないようにするにはどうすればよいのか考えていこうか。
かおる：1袋の食材①で食品Aは4個，1袋の食材②で食品Bは3個作ることができるわ。
もとこ：そうね。だけど，4個の食品Aと3個の食品Bを同時に作ると，食材③が100gあまるよね。
かおる：なるほど。ということは，食材③があまらないようにするには，少なくとも食品Aを（　ア　）個と食品Bを（　イ　）個を同時に作ればいいということね。
もとこ：その通りだね。次に3時間の販売でフードロスを出さず，食品の合計がもっとも多くなるように，それぞれの食品を何個ずつ作ればいいか考えてみようか。ただし3時間の販売では，もっとも多くて食品Aは150個まで，食品Bは120個までしか売れないことを忘れないでね。
かおる：さっきの考え方を利用すれば，食品Aを（　ウ　）個作るときがもっとも多くなるから，食品Bは（　エ　）個作るときがもっとも多くなるはずね。
もとこ：そうね。だけど3時間の販売で，すべての食材でフードロスを出さないように作る組み合わせは他にもあるの。
かおる：そうなんだ。どうすればいいの。
もとこ：3時間の販売で，食品Bはもっとも多くて120個作ることができるよね。このときフードロスを出さないように食品Aは（　オ　）個作るときがもっとも多くなる。そうすれば，こちらの方が多くの食品を作れるよね。

2022(R4) 海星中
K 教英出版

余　白

4 次の掲示の内容に関して，それぞれの質問に対する答えとして最も適当なものを，あとの①～④の中から１つ選び記号で答えなさい。

☆ Kaisei Christmas Party ☆

On December 21,
KAISEI J.H.S. is going to have Kaisei Christmas Party after school.
All Kaisei J.H.S. students are invited.

Date	December 5
Time	16:00 - 17:00
Location	Meeting Room (*Calasanz Hall First Floor)
Admission	Free

◇ Please come to the room a little earlier than 16:00.

◇ Students who want to take part must tell their homeroom teachers by December 13.

*Calasanz Hall カラサンス館（海星中学校にあるホール）

問１ How long will Kaisei Christmas Party be?

① For an hour.
② For two hours.
③ For three hours.
④ For five hours.

問２ What should the students do if they want to take part in the party?

① Pay for the party.
② Talk to their homeroom teacher by December 13.
③ Wait in their homeroom after school.
④ Clean the room by December 21.

5　次のメールの内容に関して，問１，問２についてはそれぞれの質問に対する答えとして最も適当なものを，問３については空所に入れるものとして最も適当なものを，あとの①～④の中から１つ選び記号で答えなさい。

From　: Kelly
To　　: Reika
Date　: October 23, 2021 19:30
Subject: Wonderful news!

Hello, Reika! How are you and your family? We are all fine.
Today I have wonderful news. I will come to Japan with my family during New Year holidays. We will leave Australia in the morning on December 25 and stay in Japan for 10 days. Isn't it great? I hope to see you. Do you have any plans during the winter break? Can you meet me? Please let me know your schedule.
Kelly

From　: Reika
To　　: Kelly
Date　: October 23, 2021 20:15
Subject: Re: Wonderful news!

Hi, Kelly. We are all fine. Thanks for your e-mail and great news!
I'm really happy to hear that.
I have Kaisei English Camp in Yokkaichi City Hall from December 24-26.
Anytime after that is fine with me. Please stay at my place. I am very excited.
Reika

問１　When will Kelly and her family leave Australia?
① October 23.　　② December 25.
③ December 27.　　④ January 4.

問２　How long will Kelly's family stay in Japan?
① For 3 days.　　② For 7 days.
③ For 10 days.　　④ For 14 days.

問３　On December 24-26, Reika will (　　).
① go to school　　② send an e-mail
③ have Kaisei English Camp　　④ meet Kelly's family

6　次の英文の内容に関して，それぞれの質問に対する答えとして最も適当なものを，あとの①～④の中から１つ選び記号で答えなさい。

KANREKI ～60th Birthday～

Rio is 15 years old. Her family members are her grandfather, grandmother, father, mother, her elder brother and herself.

Last Saturday was her grandfather's 60th birthday. She and her family planned to have a birthday party for him.

Her grandmother and mother prepared dinner for the party. Her father went to the department store in order to buy a red vest and a red hat for him. She and her brother made a chocolate cake. It was the first time for them to make a cake. They looked at a cookbook and tried hard. Rio wrote a message on the chocolate plate. Her brother put it on the cake. They started making the cake at 13:00, and it was 15:30 when they finished.

The birthday party started at 17:00. They enjoyed eating the meal. After that, Rio served the birthday cake which she and her brother made. She said to her grandfather, "Happy 60th birthday. We wish you a happy healthy long life".

Her grandfather was very pleased and said "Thank you everyone. Love you all."

問１　How many members are there in Rio's family?

①　There are 4.　　②　There are 5.

③　There are 6.　　④　There are 7.

問２　What did Rio and her brother do for him?

①　They bought a red vest and a red hat.

②　They made a chocolate cake.

③　They went to the department store.

④　They prepared dinner.

問３　Who put the chocolate plate on the cake?

①　Rio did.　　②　Rio's grandmother did.

③　Rio's father did.　　④　Rio's brother did.

問 4　How long did it take for Rio and her brother to make the cake?

① An hour.　② Two hours.

③ Two and a half hours.　④ Three hours.

問 5　What time did the birthday party start?

① At 10:00.　② At 13:00.

③ At 15:30.　④ At 17:00.

問題は以上です。

問１　表１から，この植物はどのような条件になれば花芽をつけると考えられますか。考えられる条件を１つ書きなさい。

問２　６月はじめに，図１のＡ地点にこの植物の種子をまいて育てたとき，できる花芽の数はどのようになると考えられますか。なおこの植物は，種子をまいてから2ヶ月ほどで花芽をつくるものとします。

問３　さまざまな時期に図１のＡ～Ｃ地点にこの植物の種子をまいた場合，最も多くの花芽をつけると考えられるものは次のうちのどれですか。最も適当なものを次のア～カの中から１つ選び記号で答えなさい。なお，気温や水分は一定に保たれているものとします。また，この植物は種子をまいてから2ヶ月ほどで花芽をつくるものとします。

ア　２月のはじめにＢ地点にまいた場合
イ　５月のはじめにＣ地点にまいた場合
ウ　７月のはじめにＡ地点にまいた場合
エ　９月のはじめにＢ地点にまいた場合
オ　９月のおわりにＣ地点にまいた場合
カ　１０月のおわりにＡ地点にまいた場合

5　こん虫の幼虫はだっ皮を重ねて成長しますが，成虫までのだっ皮回数はこん虫の種類によって異なります。幼虫の成長段階はだっ皮の回数によって表され，ふ化直後の幼虫を１齢《れい》幼虫，１回目のだっ皮後の幼虫を２齢《れい》幼虫，などと表します。次の表１は，あるこん虫の群れの各成長段階の生存数や死亡数を調べた表です。自然界では，産卵された卵がすべて成虫になれるわけではなく，多くの幼虫・さなぎが他の動物に食べられたり環境の変化や病気などによって成虫になる前に死亡します。表１のように，どの成長段階でどれだけの生存数になるかを示した表を生命表といいます。あとの各問いに答えなさい。

表１

成長段階	生存数	死亡数
卵	1000	250
１齢幼虫	750	b
２齢幼虫	700	80
３齢幼虫	620	180
４齢幼虫	a	320
５齢幼虫	120	68
さなぎ	52	48

問１　さなぎの時期がないこん虫として最も適当なものを，次のア～カの中から１つ選び記号で答えなさい。

ア　カブトムシ　　イ　トンボ　　ウ　アゲハチョウ
エ　アリ　　オ　スズメバチ　　カ　テントウムシ

問２　表１のａとｂに入る数字をそれぞれ答えなさい。

問３　表１より，各成長段階の生存数と死亡数から死亡率を求めることができます。例えば，卵の段階における死亡率は以下のように求めることができます。
（ 250 ÷ 1000 ）×100 ＝ 25 〔％〕
では，最も死亡率が高い成長段階はどれですか。最も適当なものを次のア～キの中から１つ選び記号で答えなさい。

ア　卵　　イ　１齢幼虫　　ウ　２齢幼虫　　エ　３齢幼虫
オ　４齢幼虫　　カ　５齢幼虫　　キ　さなぎ

問４　生き残ったさなぎがすべて成虫になり，なおかつオスとメスの割合が１：１であったとします。この成虫たちが合計で 1000 個の卵を産むためには，１ぴきのメスは何個の卵を産まなければならないですか。ただし，１ぴきのメスが産む卵の数は等しいものとします。

6　からだのつくりと生命を支えるしくみについて，次の各問いに答えなさい。

問１　右の図１は，ヒトの消化に関する器官を表しています。次の（１）～（３）に当てはまる器官として最も適当なものを，図中のａ～ｅの中から１つずつ選び記号で答えなさい。

（１）食物が直接通らない器官
（２）栄養や水分をからだに吸収する力はなく，おもに消化を担っている器官
（３）おもに水分を吸収する器官

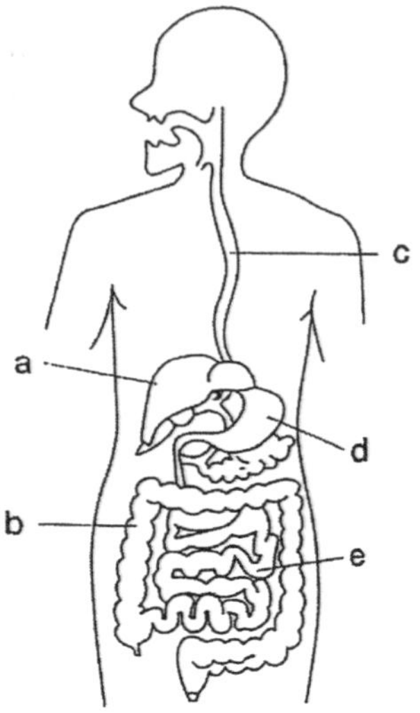

図１

問２　右の図には描かれていないが，血液中の不要なものや余分な水を集める役割をする器官の名前を答えなさい。

問３　ヒトは空気を吸い込み，からだのある器官で空気中の酸素だけを血液中に取りこんでいます。では，一生を水中で過ごす魚は，どのようにして体内に酸素を取りこんでいますか。簡単に説明しなさい。

7　下のグラフは，ある地方における８月のある晴れた日の気温，地面の温度，地下 5cm の温度および太陽の高度の変化を示しています。あとの各問いに答えなさい。なお，グラフの縦じくの左右の目盛りは，温度と高度を同時に示しています。

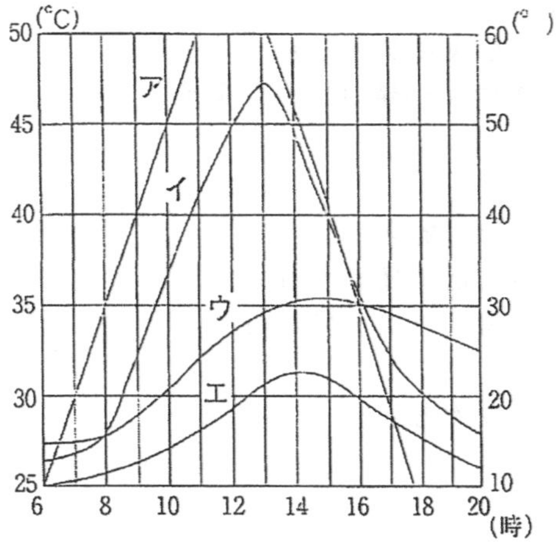

問１　図中のア～エのうち，気温を示すのはどれですか。適当なものを選び記号で答えなさい。

問２　日なたの地面の温度をはかる方法として，最も適当なものを次のア～カの中から１つ選び記号で答えなさい。

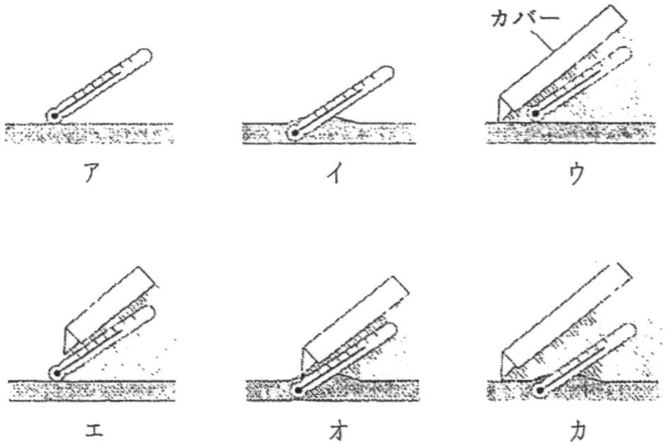

問３　図から，この日の 17 時における気温，地面の温度，地下 5cm の温度のうち，最も温度が高いのはどれですか。最も適当なものを次のア～ウの中から１つ選び記号で答えなさい。

ア　気温　　イ　地面の温度　　ウ　地下５cm の温度

問４　太陽高度，気温，地面の温度の関係の説明として最も適当なものを次のア～オの中から１つ選び記号で答えなさい。

ア　太陽高度が高くなると，空気が受けとるエネルギーが大きくなり，地面の温度も上がる。
イ　太陽高度が高くなると，地面が受けとるエネルギーが大きくなり，空気の温度も上がる。
ウ　太陽高度が高くなると，空気が受けとるエネルギーが小さくなり，地面の温度も上がる。
エ　太陽高度が高くなると，空気が受けとるエネルギーが小さくなり，空気の温度も上がる。
オ　太陽高度に関係なく，気温や地面の温度は変化する。

問５　一般に百葉箱の中には，温度計の他に，かんしつ計や気圧計などが設置されている。かんしつ計とは右の図のような装置で，かん球温度計としつ球温度計の２本の温度計からなり，しつ度（空気のしめり気度合）を知ることができます。かん球温度計は一般的な温度計で，気温や室温をはかる温度計です。しつ球温度計は先たんに水でしめらせたガーゼがついており，かん球温度計よりも低い温度を示します。かんしつ計を用いると，以下のような手順でしつ度を求めることができます。

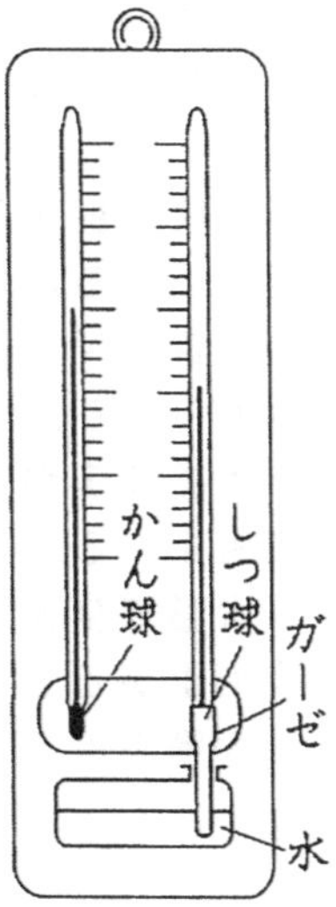

例えば，かん球温度計の示す温度が 12℃
　　　　しつ球温度計の示す温度が 10℃のとき，
かん球としつ球の示す温度の差は 2.0 となるので，
下のしつ度表の 12 の行と 2.0 の列との交点の値
を読みとります。この値がしつ度を表しています。　しつ度 76%

表

		かん球としつ球の示す温度の差〔℃〕								
		0.0	0.5	1.0	1.5	2.0	2.5	3.0	3.5	4.0
かん球の示す温度〔℃〕	20	100	95	91	86	81	77	73	68	64
	18	100	95	90	85	80	75	71	66	60
	16	100	95	89	84	79	74	69	64	59
	14	100	94	89	83	78	72	67	62	57
	12	100	94	88	82	76	70	65	59	53
	10	100	93	87	80	74	68	62	56	44

（１）かん球の示す温度が 10℃，しつ球の示す温度が 12.5℃のときのしつ度は何％ですか。表から読みとりなさい。

（２）ある日，かんしつ計を調べると，かん球の示す温度が 20℃でした。しつ度が 68％のときのしつ球の示す温度は何℃ですか。表をもとに求めなさい。

問題は以上です。

問５　下線部（う）について，次の表は日本の四大公害病について表したものです。
表の中で内容が**誤っているもの**を①～④の中から１つ選び，記号で答えなさい。

	名称	発生した県名	病気の症状
①	イタイイタイ病	石川県	骨がもろくなり，はげしい痛みがでる
②	水俣病	熊本県　など	手足がしびれ，体の自由がきかなくなる
③	新潟水俣病	新潟県	手足がしびれ，体の自由がきかなくなる
④	四日市ぜんそく	三重県	呼吸が苦しく，ぜんそくの発作もでる

また，四日市ぜんそくの発生と大きな関わりがあるとされた四日市市の石油コンビナートの現在の写真として最も適当なものを次の①～④の中から１つ選び，記号で答えなさい。

①

②

③
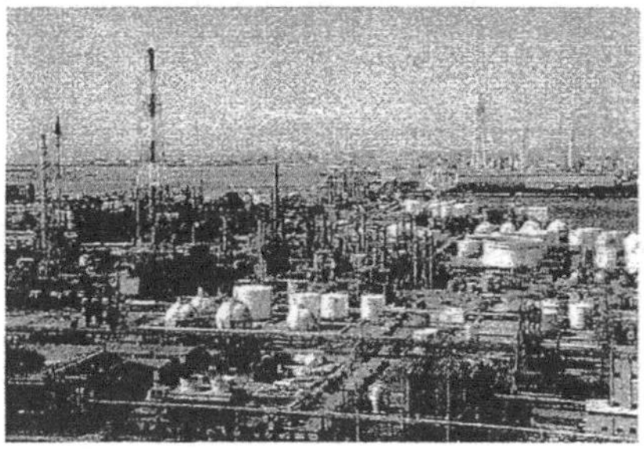

④

問６　下線部（え）について，産業の空どう化とはどういったことですか。説明しなさい。

問題は以上です。

問１　文章中の空らんア，イに当てはまる語句として，最も適当なものを次のそれぞれの語群の中から１つずつ選び，答えなさい。

アの語句《　関東内陸工業地域，中京工業地帯，阪神工業地帯，京浜工業地帯　》
イの語句《　原子力発電，　水力発電，　太陽光発電，　火力発電，　波力発電　》

問２　下線部（あ）について，日本が輸入する資源とその資源の最大の輸入先(国)との組み合わせとして最も適当なものを次の①～⑥の中から１つ選び，記号で答えなさい。

①　石油：アラブ首長国連邦　②　石油：カタール　③　鉄鉱石：ブラジル
④　鉄鉱石：オーストラリア　⑤　木材：ロシア　⑥　木材：スウェーデン

問３　下線部（あ）について，日本の輸入や輸出についての文章として最も適当なものを次の①～④の中から１つ選び，記号で答えなさい。

①　1980年代に，日本製品がアメリカでよく売れたため，より多くの製品の輸出が日本に求められた。これを「貿易まさつ」という。
②　日本は国外への輸送を行う際は，より早く，そして鮮度を保つことを考え，９割以上の輸出を飛行機で行っている。
③　日本は様々な国と貿易を行っているが，輸出額と輸入額を合わせた貿易額が最も多い国は中国である。
④　日本とアメリカはお互いに多くの品物の輸出入を行っているが，近年，日本がアメリカへ最も多く輸出しているのは米である。

問４　下線部（い）について，**瀬戸内工業地域に含まれない県名**として最も適当なものを次の語群より１つ選びなさい。

《　山口県，　岡山県，　香川県，　福岡県，　愛媛県　》

問７　下線部（お）について，秋分の日とはどのような祝日ですか。その説明として最も適当なものを，次の①～④の中から１つ選び，記号で答えなさい。

①　自由と平和を愛し，文化をすすめる。
②　自然に親しみ，感謝し，豊かな心を育てる。
③　祖先をうやまい，なくなった人々をしのぶ。
④　自然をたたえ，生物をいつくしむ。

問８　下線部（か）について，次のグラフは 2018 年における国の予算の支出を表したものです。グラフ中の「ア」には何が入りますか。最も適当なものを下の語群より１つ選びなさい。

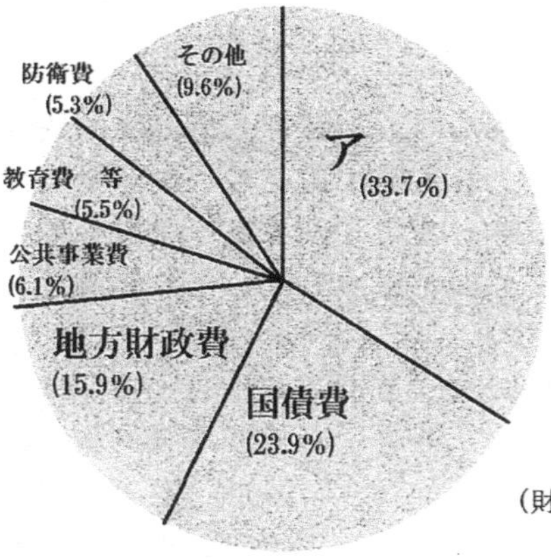

総額は約 97,7 兆円

（財務省資料より作成）

《　新型コロナウイルス感染症対策予備費，　社会保障費，　オリンピック関連予算
政治に関わる人の給与，　日本銀行の経費や予算，　東日本大震災復興予算　》

5　次の文章を読み，あとの各問いに答えなさい。

日本は（あ）石油や鉄鉱石といった資源を輸入し，それらを加工して化学製品や機械，自動車といったものを製造しています。日本にいくつか存在する工業地帯のうち，最も工業生産額が多いのが，（　ア　）で，同じ太平洋ベルト内に位置する（い）瀬戸内工業地域と同じように自動車工業が盛んです。また，日本の自動車会社には世界的にも高い技術力があり，電気自動車や燃料電池自動車といった新しい車の開発にも力を注ぎ，地球の環境を考え，（う）環境面に配慮した研究が進められています。また，自動車会社の中には，（え）海外に工場を持つ企業も多く存在します。政府も環境対策の面から，昨年の７月に（　イ　）の導入量を 2030 年度には２倍以上に引き上げる計画を立てています。

問３　下線部（あ）について，次の①～④の仕事に関係する省庁名として最も適当なものをあとの語群の中からそれぞれ選び，答えなさい。

①　医療や福祉に関するしごと　　　②　国の予算に関するしごと
③　外国との交しょうのしごと　　　④　商工業や貿易に関するしごと

《　総務省　　法務省　　外務省　　財務省　　環境省
経済産業省　　厚生労働省　　文部科学省　　農林水産省　　国土交通省　》

問４　下線部（い）について，1929年頃から世界中に広まった不景気の大きな原因は何ですか。その説明として最も適当なものを，次の①～④の中から１つ選び，記号で答えなさい。

①　日本の銀行にたくさんの人々が押し寄せて自分の預金をおろそうとしたこと。
②　満州事変が起こり、日本が中国と戦いを始めたこと。
③　これまで好景気であったアメリカが不景気になったこと。
④　田中正造が，多くの銅を産出していた足尾銅山の操《そう》業に抗議したこと。

問５　下線部（う）について，初代総理大臣の伊藤博文と同じように幕末から明治時代に活躍した３人の人物名とその出身藩の組み合わせが正しくなるように，次の表を完成させなさい。

《人物名》板垣退助，　木戸孝允，　大久保利通

出身藩名	人物名
薩摩藩	解答用紙　問５　１
長州藩	解答用紙　問５　２
土佐藩	解答用紙　問５　３

問６　下線部(え)について，オリンピックが東京で開催されたのは2021年で２回目でしたが，１度目の1964年当時に「三種の神器」とよばれた家庭電化製品は，白黒テレビの他に２つあります。それは何と何ですか。次の語群より適当なものを選び，答えなさい。

《　ビデオデッキ，　電気すいはん器，　電気せんたく機，　クーラー
電気れいぞう庫，　家庭用電話機，　パーソナルコンピューター　》

4 次のある中学校の生徒と先生の会話を読み，あとの各問いに答えなさい。

生徒：世界中に広まった新型コロナウイルスは，(あ) 政治や (い) 経済にも大きな影響を及ぼしましたね。

先生：そうだね。いかにして感染を食い止めるかという課題について，日本も (う) 総理大臣を中心に日夜色々な議論が重ねられていたね。

生徒：こうした対策は私たちの生命にも関わってくる話だから，私も（　ア　）歳で選挙権を持ったら，しっかりと投票に行って政治を行う人々を選びたいと思います。

先生：うん。あと 2021 年は (え) オリンピックが開催された関係で (お) 国民の祝日が移動したけど，こういった事を決めて調整するのも政治の一つの側面だね。

生徒：あと，毎年の予算を国や地方で決めているけど，(か) 国の予算にもなるとすごい額になっていますね。

先生：国の予算額は年々上がってきていて，最近では約 100 兆円の予算が組まれているね。

生徒：私たちが納めた税金をこれからも大切に使っていってほしいですよね。

先生：そういえば，この前，三重県知事を選ぶ選挙があったんだけど，都道府県知事には何歳から立候補できるか知っているかな。

生徒：（　イ　）歳ですよね。この前の授業で習いましたからバッチリです。

先生：いいね。その調子でこれからも頑張っていこう。

問１　文章中の空らんア，イにあてはまる数字をそれぞれ答えなさい。

問２　下線部(あ)について，国の政治を行う上で重要となる建物の名称を，次の写真を見て省略せずに漢字５文字で答えなさい。

（写真は衆議院 HP より）

問 7　室町時代に起きた桶狭間の戦いで，織田信長に敗れた今川義元は当時どの辺りで勢力を持っていましたか。最も適当なものを次の図中の①～⑥の中から 1 つ選び，記号で答えなさい。

問 8　「ク」について，日光東照宮にまつられている人物の名称を答えなさい。

問 9　江戸時代に日本が“開国”するきっかけとなった 1854 年にアメリカと結んだ条約を何と言いますか。その条約の名称を答えなさい。また，この条約を結んだ時に下田と函館の二つの港が開かれました。では，このうち下田は現在の何県にありますか。次の県名の中から最も適当なものを 1 つ選び，答えなさい。

《　栃木県，　静岡県，　長野県，　群馬県，　滋賀県，　長崎県　》

問 10　「ケ」について，富岡製糸場に関する文章として正しいものを次の①～④の中から 1 つ選び，記号で答えなさい。また，富岡製糸場が残る群馬県で生産量が全国 1 位のものは何ですか。あとの作物から最も適当なものを 1 つ選び，答えなさい。

①　明治時代に職業の選択が自由となり，多くの武士が生糸づくりを行った。
②　富岡製糸場で作られた生糸の原料は綿花で，その多くはインドから輸入した。
③　大日本帝国憲法の発布は，富岡製糸場の完成よりも後である。
④　富岡製糸場は近代的な産業を根ざすことを目指した。これを地租改正という。

《　ピーマン，　さつまいも，　ぶどう，　キャベツ，　ねぎ　》

問 11　明治時代に起きた戦争として適当なものを 2 つ選びなさい。また，これらの戦争を年代が古い順に並べ替えなさい。

《　第一次世界大戦，　日露戦争，　第二次世界大戦，　日清戦争，　薩英戦争　》

問11

2

問1

ア

イ

ウ

エ

オ

問2

問3

問4

あ

い

問5

問6

問7

問8

問9

問10

令和４年度　海星中学校入学試験解答用紙　算数〔前期〕

受験番号	

※100点満点
（配点非公表）

1

(1)	(2)	(3)
(4)	(5) □＝	(6) □＝

2

(1)	(2) %	(3)
(4) 人	(5) km	(6) ポイント

3

(1) cm^2	(2) cm

6)

令和４年度　海星中学校入学試験解答用紙　英語〔前期〕

受験番号	

※100点満点
（配点非公表）

1

問 1	問 2	問 3	問 4	問 5
問 6	問 7	問 8	問 9	問 10
問 11	問 12	問 13	問 14	問 15
問 16	問 17	問 18	問 19	問 20

2

問 1	問 2	問 3	問 4	問 5

令和４年度　海星中学校入学試験解答用紙　理科〔前期〕

受験番号	

※100点満点
（配点非公表）

1

問１	問２	問３
問４	問５　　　　ｃｍ	問６　　　　ｃｍ
問７　　　　ｇ		

2

問１	問2	問3
問４	問５	問６

3

問１	問2	問3　　　　分後
問４	問５　　　　キロカロリー	

令和4年度　海星中学校入学試験解答用紙　社会〔前期〕

受験番号	

※100点満点
（配点非公表）

1

問1　ア　　　　　イ		問2
問3	問4	問5
問6	問7	問8
問9		
問10	問11	

2

3

問1	問2	問3	問3
問4			
問5　記号	名称	問6	問7
問8	問9　名称	県名	
問10　記号	作物	問11	
問11　　→　　→　　→　　→			

4

問1 ア	イ	問2	
問3 ①	②	③	④
問4	問5 1	2	3
問6		問7	
問8			

5

問1 ア	イ	問2	問3
問4	問5 四大公害病	現在の写真	
問6			

1)
5)】

4

問 1	
問 2	問 3

5

問 1	問 2 a	b
問 3	問 4 個	

6

問 1（1）	（2）	（3）
問 2	問 3	

7

問 1	問 2	問 3
問 4	問 5（1） %	（2） ℃

39)
4)】

3

問 1	問 2	問 3	問 4	問 5

4

問 1	問 2

5

問 1	問 2	問 3

6

問 1	問 2	問 3	問 4	問 5

4

(1)　食材① 袋	食材② 袋	食材③ 袋
(2) 円	(3)㋐	(3)㋑
(3)㋒	(3)㋓	(3)㋔

5

(1)① ○ ○ ○ ○ ○ ○ ○ ○	(1)②	(1)③
(2)① 問	(2)② 問	

5)
)】

令和四年度　海星中学校　入学試験解答用紙　国語　前期

※100点満点
（配点非公表）

1

問1
ア
イ
ウ
エ
オ

問2

問3
主語
修飾語

問4
あ
い
う
え
お

問5

問6

問7

問8

問9

問10

受験番号

問３　飛鳥時代に活躍した聖徳太子が関わったことがらとして**あやまっているもの**を次の①～④から２つ選び，記号で答えなさい。

①　６世紀に伝わったとされる仏教をあつく信仰し，法隆寺を建立した。
②　小野妹子を遣唐使として中国に送り，中国と対等な関係を目指した。
③　十七条憲法を制定し，役人が守るべき心得を示した。
④　豪族の物部氏と協力して政治をすすめ，天皇を中心とする政治を目指した。

問４　奈良時代において聖武天皇は，東大寺や国分寺といった多くの寺院を日本各地に建てさせましたが，それはなぜですか。「仏教」という言葉を必ず使って説明しなさい。

問５　平安時代に活躍した人物で，次の歌をよんだ人物の名称として最も適当なものを次の①～④の中から１つ選び，記号で答えなさい。また，「オ」の世界遺産には，この人物の息子が建てた寺院も含まれています。鳳凰《ほうおう》堂が有名なその寺院の名称を漢字３文字で答えなさい。

歌：「この世をば我が世とぞ思う望月の　欠けたることもなしと思えば」

①　菅原道真　　②　清少納言　　③　藤原道長　　④　阿倍仲麻呂

問６　「カ」について，厳島神社の写真として最も適当なものを次の①～④の中から１つ選び，記号で答えなさい。

①

②

③

④

（写真は文化庁 HP より）

2

次にあげた項目は米作りの作業の一部です。これらの作業はどのような順序で進めれば良いかを考え，作業の**３番目**にくるものとして最も適当なものを１つ選び，答えなさい。

《　田おこしをする，　中ぼしをする，　田植えをする，　しろかきをする
稲刈りをする　》

3

コウタロウさんは日本の時代区分と各時代に関係する世界遺産を調べてノートにまとめました。コウタロウさんのノートを見てあとの各問いに答えなさい。

～コウタロウさんのノート～

	時代区分	**世界遺産の名称**	**所在地**
ア	縄文時代	北海道・北東北の縄文遺跡群	北海道や青森県
イ	古墳時代	百舌鳥(もず)・古市古墳群－古代日本の墳墓群－	大阪府
ウ	飛鳥時代	法隆寺地域の仏教建造物	奈良県
エ	奈良時代	古都奈良の文化財	奈良県
オ	平安時代	古都京都の文化財(京都市，宇治市，大津市)	京都府，滋賀県
カ	平安時代	厳島(いつくしま)神社	広島県
キ	室町時代	琉球王国のグスク及び関連遺産群	沖縄県
ク	江戸時代	日光の社寺	栃木県
ケ	明治時代	富岡製糸場と絹産業遺産群	群馬県

(文化庁 HP より作成)

問１　縄文時代を説明した文として最も適当なものを次の①～④の中から１つ選び，記号で答えなさい。

①　縄文時代は約100年続いた時代で争いの少ない平和な時代であったとされる。
②　縄文時代の遺跡に三内丸山遺跡があるが，この遺跡は現在の青森県にある。
③　縄文時代に人々は定住を始めたとされ，高床倉庫には主に貝を貯《ちょ》蔵《ぞう》した。
④　縄文土器は主に米を炊《た》くことに使用され，日本各地で活用されていた。

問２　ノート中の「イ」には日本で最も大きな前方後円墳も含まれています。その古墳は何と言いますか。名称を答えなさい。

問５　下線部（え）について，次の国名のうち，ユーラシア大陸にある国として最も適当なものを１つ選び，答えなさい。

《　イギリス，　ブラジル，　カナダ，　フィリピン，　モンゴル　》

問６　下線部（お）について，次の国名のうち，日本が日本海にある竹島の領有権を争っている国として最も適当なものを１つ選び，答えなさい。

《　ロシア，　北朝鮮，　中国，　ベトナム，　韓国　》

問７　下線部（か）について，日本には多くの山地や山脈が存在しますが，次のうち九州地方に位置するものとして最も適当なものを１つ選び，答えなさい。

《　夕張山地，　筑紫山地，　奥羽山脈，　出羽山地，　紀伊山地　》

問８　下線部（き）について，次のうち日本の東の端に位置する島名として最も適当なものを１つ選び，答えなさい。

《　択捉《えとろふ》島，　沖ノ鳥島，　与那国《よなぐに》島，　南鳥島　》

問９　下線部（く）について，2011 年３月 11 日の東日本大震災は海底が震源地であったにも関わらず，２万人近くの方の行方が不明となっていたり，なくなったりしています。それはなぜか，答えなさい。

問 10　下線部（け）について，台風が日本に接近や上陸をすることで，海面が高く盛り上がることがありますが，そういった現象を何と言いますか，漢字２文字で答えなさい。

問 11　下線部（こ）について，私たちは，ニュースを知るために様々なメディアを活用していますが，インターネットについて説明した文章として最も適当なものを次の①～④の中から１つ選び，記号で答えなさい。

①　文字や写真または絵などを使って情報を伝える事ができ，持ち運びもできる。
②　主に屋内で使われ，映像と音声を用いて発信しているのでわかりやすい。
③　世界中の情報を入手できるだけでなく，自分で発信することにも適している。
④　地域の情報が記されていて，住民の間で回すことで全員が知ることができる。

1　日本の様子について書かれた次の文章を読み，あとの各問いに答えなさい。

(あ) 日本は四季のある (い) 国として知られています。そんな日本の季節や，(う) 気候の変化に大きな影響を及ぼすのが，(　ア　) という風です。(　ア　) は，冬場は (え) ユーラシア大陸から吹き，冷たく乾燥していますが，(お) 日本海で水分を吸収して(か)日本列島にやってきます。このため，日本海側には毎年多くの(　イ　)が降ります。

また，日本は周囲を海に囲まれた島国で，国土は弓なりに細長い形をしており，島の数も多く，(き) 東西南北の端《はし》も島です。

さらに日本は，(く) 地震《しん》や (け) 台風といった自然災害に悩まされることも度々あり，よく各地で発生した被害の様子を知らせる (こ) ニュースが，新聞やテレビを通して報道されています。

問１　文章中の空らんア，イに当てはまる語句をそれぞれ答えなさい。

問２　下線部 (あ) について，地球上における日本の位置の説明として，最も適当なものを，次の①～④の中から１つ選び，記号で答えなさい。

①　日本の位置は，南北なら南緯 20 度から 46 度までで，東西なら東経 122 度から 154 度までのはんいである。
②　日本の位置は，南北なら北緯 20 度から 46 度までで，東西なら東経 122 度から 154 度までのはんいである。
③　日本の位置は，南北なら北緯 20 度から 46 度までで，東西なら西経 122 度から 154 度までのはんいである。
④　日本の位置は，南北なら南緯 20 度から 46 度までで，東西なら西経 122 度から 154 度までのはんいである。

問３　下線部 (い) について，国のはんいには領土や領海があります。この２つの上空は何と言いますか。その名称を答えなさい。

問４　下線部 (う) について，次の文章のうち、香川県高松市の気候の特ちょうとして最も適当なものを次の①～④の中から１つ選び，記号で答えなさい。

①　冬は大陸からの風の影響で大雪が降る豪雪地帯だが，夏は気温が高くなる。
②　１年を通じて気温が高く，年間を通じて降水量も多い。
③　冬は乾燥しやすく，台風の影響もあり降水量は多い。
④　山地に囲まれており，１年間を通じて雨が少なく，晴れの日が多い。

令和４年度

海星中学校入学試験問題

― 前期 ―

社　会

（100 点　40 分）

（注意事項）

1．試験開始の合図があるまで，問題冊子の中を見てはいけません。

2．問題は，10 ページまであります。

3．問題冊子や解答用紙の印刷が見にくいときや，試験中にページのぬけ落ちなどに気付いた場合は，手をあげて先生に知らせなさい。

4．試験開始の合図で解答用紙の受験番号のらんに受験番号をはっきりと記入しなさい。

5．解答は，すべて解答用紙に記入しなさい。

6．HB のえんぴつまたはシャープペンシルを使用しなさい。

7．試験終了の合図で筆記用具をおき，解答用紙を集め終わるまで席に着いていてください。

8．問題冊子は持ち帰ってよろしい。

1　次の各問いに答えなさい。

問１　図１はろうそくの炎について表したものです。一番温度が高いのはどの部分ですか。最も適当なものを図のア～ウから１つ選び，記号で答えなさい。

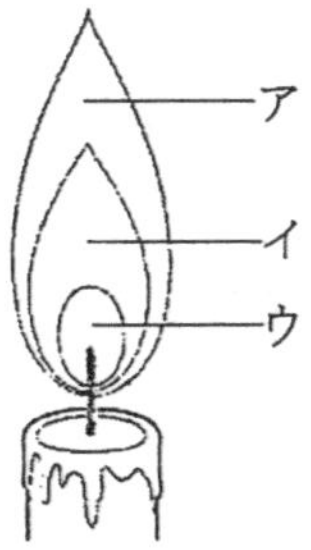

図１

問２　光の性質について説明した各文のうち，最も適当なものを次のア～ウから１つ選び，記号で答えなさい。

ア　日光は，かがみに当ててもはねかえすことはできない。
イ　目をいためることがあるので，かがみではねかえした光を人の顔にあててはいけない。
ウ　日光をかがみではね返したとき，日光の当たっているところのほうが当たっていないところより暗い。

問３　電流とそのはたらきについて説明した各文のうち，最も適当なものを次のア～ウから１つ選び，記号で答えなさい。

ア　電気の流れを電流といい，＋極から－極へ向かう向きに流れる。
イ　かん電池２個を直列つなぎにして豆電球を光らせると，１個のときよりも暗い。
ウ　導線を同じ向きにまき、作ったコイルに鉄しんを入れ，電流を流すと鉄を引きつけるかん電池になる。

問４　図２のようにふりこをふらせ，10分くらいすると，ふれはばが小さくなっていきました。このときの１往復の時間はどのようになっていきましたか。最も適当なものを次のア～ウから１つ選び，記号で答えなさい。

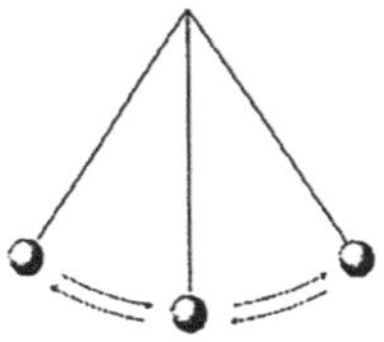

図２

ア　はじめのときよりも，１往復の時間が短い。
イ　はじめのときよりも，１往復の時間が長い。
ウ　はじめのときと，１往復の時間は変わらない。

問５　図３のような長さが 10cm で，5g のおもりをつり下げると 1cm のびるばね A と，長さが 15cm で 10g のおもりをつり下げると 1cm のびるばね B があります。それぞれのばねに，ある同じ重さをつりさげたとき，同じ長さになりました。そのときのばねの長さは何 cm ですか。ただし，ばねのおもさを考えなくてよいものとします。

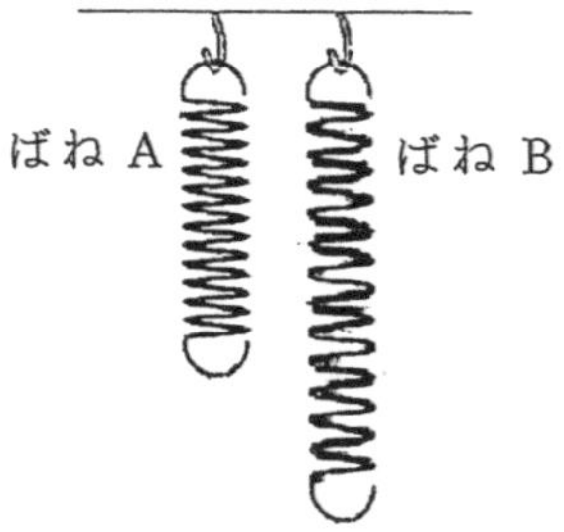

図３

問６　図４のようなてこを作りました。支点を中心として回転せずにつり合うためには，Ａの長さを何 cm にすればよいですか。ただし，棒は一定の太さで，重さは考えなくてよいものとします。

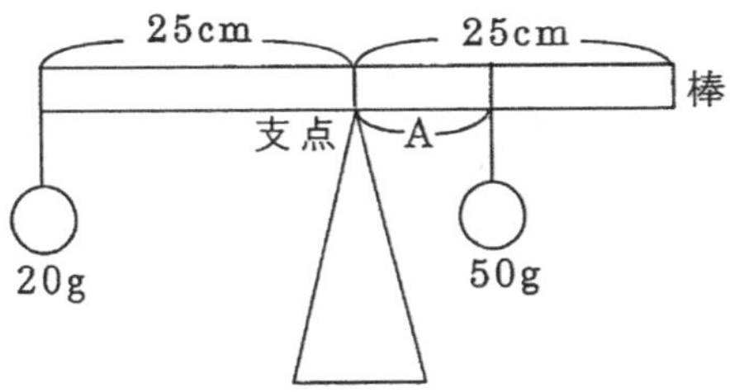

図４

問７　20℃の水が 400g あり，これに 30g のホウ酸をとかしました。何 g のホウ酸がとけずに残っていますか。ただし，ホウ酸は 20℃の水 100g に 4.9g とけるものとします。

2　下の図１のように，塩酸，アンモニア水，炭酸水，重そう水，食塩水を用意し，試験管に入れました。このとき，試験管に何の水よう液が入っているか分からなくなったので，下の実験で試験管①～⑤に何が入っているか確かめました。あとの各問いに答えなさい。

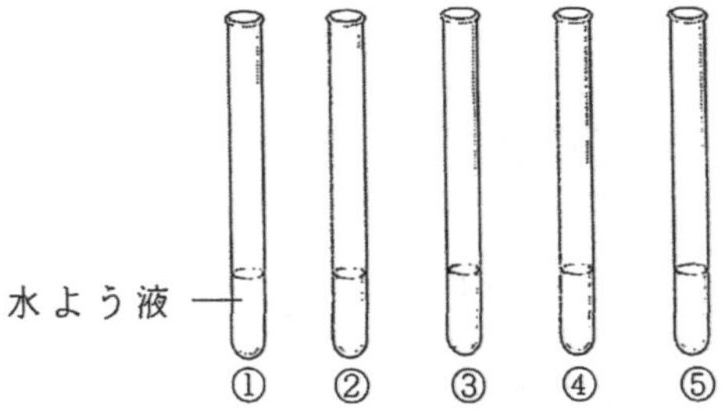

図１

実験１　手であおいでにおいをかぐと③と⑤は，においがしました。
実験２　リトマス紙を使うと，{　①　}，{　②と③　}，{　④と⑤　}の３種類になかま分けできました。
実験３　試験管③に鉄を入れると，あわを出してとけました。

問１　塩酸は水に何をとかした水よう液ですか。

問２　実験２において，青色リトマス紙を赤色に変化させる水よう液は何性ですか。

問３　実験３において，試験管③に鉄のかわりにアルミニウムをいれるとどうなりますか。とけるかとけないかで答えなさい。

問４　試験管④に入っている水よう液は何だと考えられますか。

問５　５つの水よう液をべつべつの蒸発皿にいれ，蒸発させました。白い固体が残ったものはどの水よう液ですか。①～④の中からすべて選び，数字を答えなさい。

問６　炭酸水から出る気体を試験管に集め，その試験管に石灰水をいれると，白くにごりました。炭酸水には何という気体がふくまれていますか。

3 下の図1のようにビーカーに入れた水を電熱線であたためる実験をAさんとBさんが行いました。Aさんは20gの水を，Bさんは40gの水をビーカーに入れて実験を開始しました。そのときAさんは60℃の水を，Bさんは70℃の水を入れていました。実験結果は下の表1のグラフのようになりました。電熱線で発生した熱は，外部にはにげることなく水だけに伝わったものとして，あとの各問いに答えなさい。

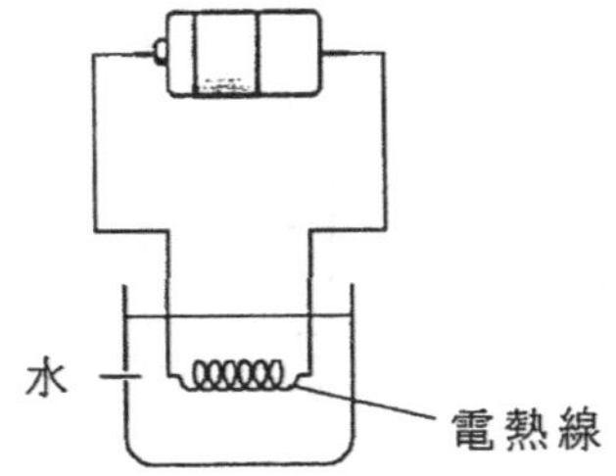

図1

表1

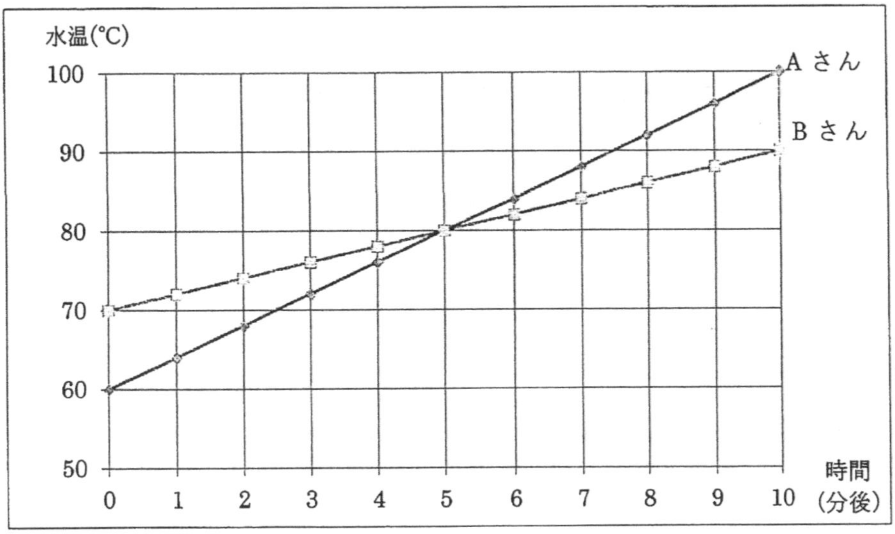

問1 電気が流れると，電熱線に電気が流れ，熱がでて，水があたためられます。水はあたためられると体積はどうなりますか。また，あたためられた水はビーカーの中で，どのように移動しますか。最も適当なものを次のア～エから1つ選び，記号で答えなさい。

ア 体積は小さくなり，あたためられた水は下に移動する。
イ 体積は小さくなり，あたためられた水は上に移動する。
ウ 体積は大きくなり，あたためられた水は下に移動する。
エ 体積は大きくなり，あたためられた水は上に移動する。

問２　Ａさんの実験では，はじめ水にとけていた空気が小さいあわとなって出てきて，10 分後になると水の中から大きなあわがさかんに出て，水の温度が 100℃から上がらなくなりました。この大きなあわの正体は何ですか。

問３　グラフより，Ｂさんの実験では実験を始めてから何分後に問２のような大きなあわが水の中からさかんに出る状態になると考えられますか。ただし，表１でＡさん，Ｂさんがともにあたためて５分後は水の温度は 80℃になり，10 分後はＡさんの水の温度は 100℃，Ｂさんの水の温度は 90℃であったとします。

問４　Ａさんが水の量やはじめの水の温度を変えずに，用いた電池を下の図２のように変えると，問２の水から大きなあわがさかんに出る状態になるまでの時間はどうなりますか。最も適当なものをあとのア～クから１つ選び記号で答えなさい。

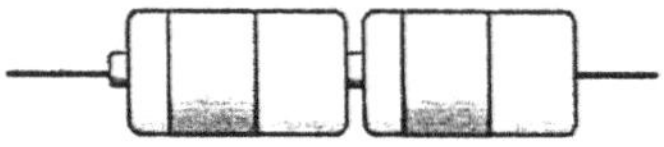

図２

ア　直列つなぎになり流れる電流は大きくなり，問２のようになる時間は長くなる。
イ　直列つなぎになり流れる電流は大きくなり，問２のようになる時間は短くなる。
ウ　直列つなぎになり流れる電流は小さくなり，問２のようになる時間は長くなる。
エ　直列つなぎになり流れる電流は小さくなり，問２のようになる時間は短くなる。
オ　並列つなぎになり流れる電流は大きくなり，問２のようになる時間は長くなる。
カ　並列つなぎになり流れる電流は大きくなり，問２のようになる時間は短くなる。
キ　並列つなぎになり流れる電流は小さくなり，問２のようになる時間は長くなる。
ク　並列つなぎになり流れる電流は小さくなり，問２のようになる時間は短くなる。

問５　水 1g を 1℃温度を上げるのに必要な熱を１カロリーとします。Ａさんが０分から 10 分まであたためたときの熱は何キロカロリーですか，小数第１位まで求めなさい。ただし，1000 カロリー ＝ １キロカロリーとします。

4　ある植物に光があたえるえいきょうについて調べるために，以下の実験を行いました。また，図1はA，B，C3地点の昼間の長さの季節変化を示しています。あとの各問いに答えなさい。

実験　この植物を，暗室と照明を使って，人工的に昼間の時間（明るい時間）の長さを変えて育て，できた花《か》芽《が》（将来花になる芽）の数を調べました。その結果を表1に示しました。なお，温度や水分はこの植物の生育にとって適度に保たれているものとします。

表1

明るい時間（時間）	暗い時間（時間）	花《か》芽《が》の数
6	18	10
7	17	10
8	16	10
9	15	10
10	14	9
11	13	9
12	12	8
13	11	7
14	10	4
15	9	0
16	8	0
17	7	0
18	6	0

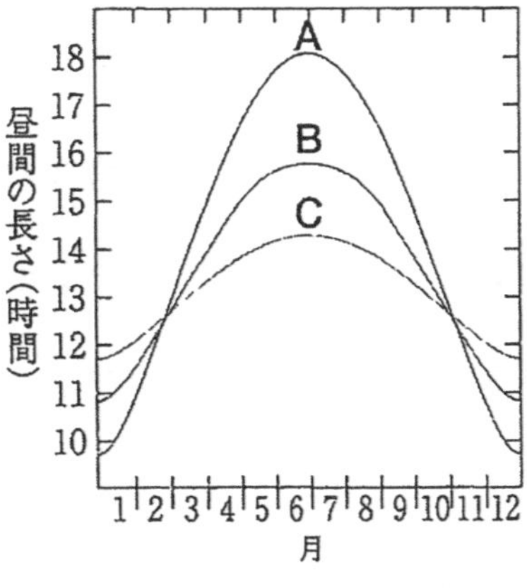

図1

令和４年度

海星中学校入学試験問題

－ 前期 －

理　科

（100点　40分）

（注意事項）

1．試験開始の合図があるまで，問題冊子の中を見てはいけません。

2．問題は，13ページまであります。

3．問題冊子や解答用紙の印刷が見にくいときや，試験中にページのぬけ落ちなどに気付いた場合は，手をあげて先生に知らせなさい。

4．試験開始の合図で解答用紙の受験番号のらんに受験番号をはっきりと記入しなさい。

5．解答は，すべて解答用紙に記入しなさい。

6．HBのえんぴつまたはシャープペンシルを使用しなさい。

7．試験終了の合図で筆記用具をおき，解答用紙を集め終わるまで席に着いていてください。

8．問題冊子は持ち帰ってよろしい。

3　次の日本語の意味を表すようにア～オを並びかえ，**2番目**と**4番目**に入る語句の組み合わせとして最も適当なものを，あとの①～④の中から1つ選び記号で答えなさい。ただし，先頭に来る語も小文字になっています。

問1　私の犬は，あなたの犬ほど大きくありません。
(ア as / イ big / ウ is / エ not / オ dog)
My (　　)(2番目)(　　)(4番目)(　　) as your dog.

① ウ－ア　② ウ－エ　③ ア－イ　④ オ－ア

問2　日本対アメリカのバスケットボールの試合は，とても面白かった。
(ア and America / イ between / ウ was / エ Japan / オ very)
The basketball match (　　)(2番目)(　　)(4番目)(　　) exciting.

① ウ－オ　② ア－エ　③ エ－ウ　④ イ－ウ

問3　四日市では雨は降っていません。
(ア not / イ in / ウ it / エ raining / オ is)
(　　)(2番目)(　　)(4番目)(　　) Yokkaichi.

① ア－ウ　② オ－エ　③ ウ－エ　④ オ－イ

問4　ホワイト先生は，私たちにいくつか宿題を出しました。
(ア Ms. White / イ some / ウ us / エ homework / オ gave)
(　　)(2番目)(　　)(4番目)(　　).

① オ－イ　② オ－エ　③ エ－ウ　④ ア－イ

問5　私は，またあなたに会えてうれしいです。
(ア very　イ to　ウ happy　エ you　オ see)
I'm (　　)(2番目)(　　)(4番目)(　　) again.

① イ－オ　② ウ－エ　③ オ－ア　④ ウ－オ

2022(R4) 海星中
教英出版

2 次の会話について（　　）に入れるのに最も適当なものを，あとの①～④の中から１つ選び記号で答えなさい。

問１　Girl　: What's your dream, George?
Boy　: (　　)　I love reading and writing.
① I have to study hard.
② I want to be a famous writer.
③ I'll take this one.
④ I don't like it.

問２　Student: Can you give me more time to think about it?
Teacher: (　　)
① Here you are.
② You're welcome.
③ Yes, we did.
④ All right.

問３　Sister　: Hurry up, or we'll be late for the bus.
Brother: (　　) I'm coming now.
① Find out.
② Hold on.
③ Keep out.
④ Turn on.

問４　Boy　: (　　　), Rima?
Girl　: I usually go by bike, but I take a bus when it rains.
① How do you go to school
② What time do you leave home
③ Where are you going
④ When did it start

問５　Salesclerk　: May I help you?
Woman　　: Yes.　(　　)
① That's too bad.
② I'm sorry, but you can't.
③ You are always kind.
④ I'm looking for a sweater.

問 11　A : What is your (　　) color, Ted ?
B : I like green.
① free　② favorite　③ same　④ expensive

問 12　My mother's sister is my (　　).
① uncle　② aunt　③ cousin　④ grandmother

問 13　Finally he decided (　　) abroad.
① to study　② studying　③ study　④ studied

問 14　A : I (　　) that Janet just had a baby boy.
B : Really?　That's great!
① listened　② told　③ asked　④ heard

問 15　I grew (　　) in Canada and came here three years ago.
① away　② to　③ up　④ along

問 16　This (　　) is too small for me to wear.
① chair　② bag　③ shirt　④ bed

問 17　A : David, do you have any (　　)?　I want to send this letter.
B : No, but I can go and get some for you in the evening.
① tickets　② photos　③ glasses　④ stamps

問 18　Did you get (　　) interesting for your birthday?
① something　② everything　③ nothing　④ anything

問 19　A : Do you know (　　) the meeting will start?
B : Yes.　It'll start at ten.
① when　② what　③ who　④ which

問 20　Please (　　) quiet, everyone.　Listen to me carefully.
① be　② was　③ is　④ are

1 次の各文の（　）に入れるのに最も適当なものを，あとの①～④の中から1つ選び記号で答えなさい。

問1 A week has seven (　).
① hours ② months ③ years ④ days

問2 A : May I (　) in?
B : Sure. The door is open.
① come ② play ③ study ④ practice

問3 Kevin is (　) in computers, but he doesn't have one.
① busy ② interested ③ tired ④ famous

問4 A : Who can run the (　) in your class?
B : Kate can.
① earlier ② earliest ③ faster ④ fastest

問5 A : (　) is your grandfather?
B : He's fine.
① Who ② Which ③ How ④ Where

問6 Cats usually (　) mice. But my cat doesn't.
① catch ② swim ③ listen ④ grow

問7 Lucie's grandmother made a very (　) dress for her.
① quiet ② careful ③ different ④ pretty

問8 The bus runs (　) the station to Kaisei Junior High School.
① by ② from ③ at ④ in

問9 A : Ted, where's your mother?
B : She went shopping. She (　) come back until five.
① won't ② didn't ③ isn't ④ doesn't

問10 A : Thanks for (　) me the book, Kathy. Sorry I kept it for a long time.
B : No problem.
① borrowing ② renting ③ lending ④ living

令和４年度

海星中学校入学試験問題

― 前期 ―

英　語

（100点　40分）

（注意事項）

1．試験開始の合図があるまで，問題冊子の中を見てはいけません。

2．問題は，８ページまであります。

3．問題冊子や解答用紙の印刷が見にくいときや，試験中にページのぬけ落ちなどに気付いた場合は，手をあげて先生に知らせなさい。

4．試験開始の合図で解答用紙の受験番号のらんに受験番号をはっきりと記入しなさい。

5．解答は，すべて解答用紙に記入しなさい。

6．HBのえんぴつまたはシャープペンシルを使用しなさい。

7．試験終了の合図で筆記用具をおき，解答用紙を集め終わるまで席に着いていてください。

8．問題冊子は持ち帰ってよろしい。

1 次の計算をしなさい。(5)と(6)については，□にあてはまる数を答えなさい。

(1)　$12\times(1125-25\times5)$

(2)　$\frac{1}{2}-\frac{1}{3}+\frac{1}{4}-\frac{1}{5}+\frac{5}{6}$

(3)　$13\times\left(\frac{1}{4}-\frac{3}{13}+\frac{11}{52}\right)$

(4)　$(12345\times4-2040\times3-305\times3)\times\frac{1}{9}$

(5)　$(\square\times12-8)\times0.125=11$

(6)　$\{100-(\square+16.8\times2.5)\}\div\frac{5}{6}=36$

2 次の各問いに答えなさい。

(1) 100から200までの整数について，4の倍数はいくつありますか。

(2) 16%の食塩水250gと4%の食塩水50gをまぜると，新しくできた食塩水のこさは何%ですか。

(3) 2つの整数A，Bがあります。AをBで割ると商は7で余りが4です。またAとBの和は100です。Aはいくつですか。

(4) 30人のクラスで兄弟のいる児童は18人，姉妹のいる児童は17人，ひとりっ子は8人います。兄弟も姉妹もいる児童は何人いますか。

(5) たかし君は自宅から自転車に乗り，時速24kmの速さで登校しています。帰りは時速18kmで走ると，家に着くまでの時間が登校より10分多くかかります。自宅から学校までの道のりは何kmですか。

(6) 海星百貨店で買い物をすると，現金で払った金額の200円ごとに8%分のポイントがもらえます。このポイントは，次回からの買い物に1ポイントを1円として現金と同じように使うことができます。現在，さえこさんは234ポイントを使うことができます。さえこさんは持っているポイントと現金で，2000円の商品を買うことにしました。持っているポイントをすべて使ったとすると，次回から使えるポイントは何ポイントになりますか。

2022(R4) 海星中
K 教英出版

3 次の各問いに答えなさい。

(1) 下の図は辺 AB と辺 DC が平行な四角形です。この四角形 ABCD の面積を求めなさい。

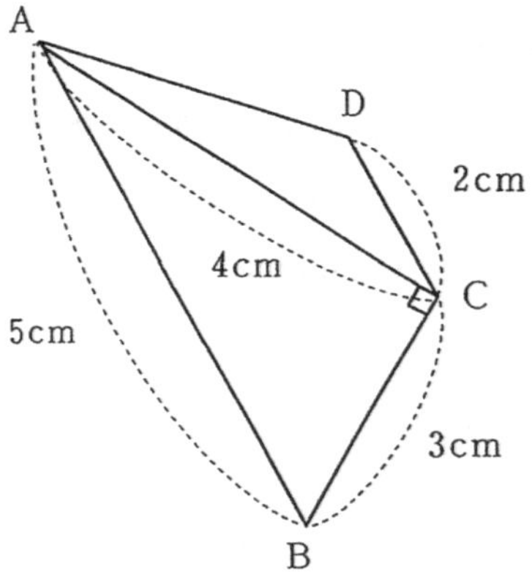

(2) 1 辺 1cm の正方形を転がして，下の図の長方形の周りを時計周りに 1 周してもとの位置で止めます。このとき，点 P が動いた長さを求めなさい。ただし，正方形の対角線の長さは 1.4 cm，円周率は 3.14 とします。また，正方形を転がすとき，すべらないものとします。

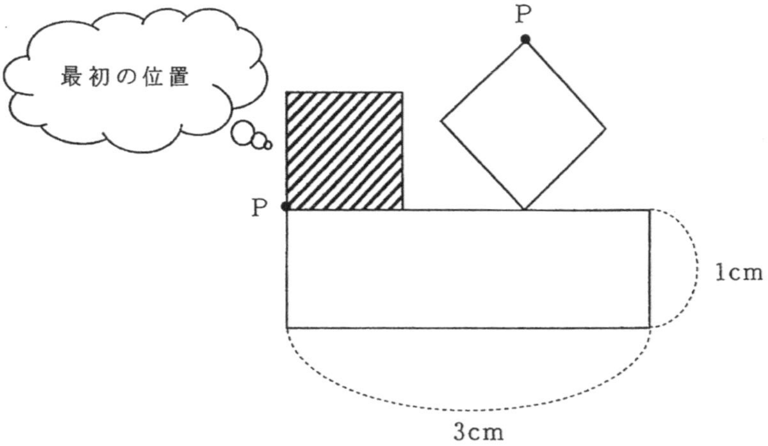

4　海星マートでは，食品Ａと食品Ｂを販売《はんばい》しています。その販売の様子は次に書いた通りです。あとの各問いに答えなさい。

・食品Ａは1個200円，食品Ｂは1個300円で販売しています。
・1時間あたり食品Ａは50個まで，食品Ｂは40個まで売ることができます。
・1個の食品Ａを作るためには，食材①が25gと食材③が10g必要です。
・1個の食品Ｂを作るためには，食材②が50gと食材③が20g必要です。
・食材は，次のように1袋単位でしか仕入れることができません。

食材①……1袋100gで100円
食材②……1袋150gで200円
食材③……1袋200gで300円

(1)　10時から11時までの販売で，それぞれの食品をもっとも多く販売するためには，それぞれの食材を少なくとも何袋ずつ仕入れる必要がありますか。

(2)　(1)の10時から11時までの販売で，利益はいくらになりますか。

2022(R4) 海星中
教英出版

令和４年度

海星中学校入学試験問題

－　前期　－

算　数

（100 点　40 分）

（注意事項）

1．試験開始の合図があるまで，問題冊子の中を見てはいけません。

2．問題は，８ページまであります。

3．問題冊子や解答用紙の印刷が見にくいときや，試験中にページのぬけ落ちなどに気付いた場合は，手をあげて先生に知らせなさい。

4．試験開始の合図で解答用紙の受験番号のらんに受験番号をはっきりと記入しなさい。

5．解答は，すべて解答用紙に記入しなさい。

6．HB のえんぴつまたはシャープペンシルを使用しなさい。

7．試験終了の合図で筆記用具をおき，解答用紙を集め終わるまで席に着いていてください。

8．問題冊子は持ち帰ってよろしい。

はわかる。断ってまた頼まれてというのもわずらわしい。現在俺は生徒会書記(イ)イガイに、クラスでは号令係と司会係をやり、バスケ部では部長もしていた。どれもこれも、「ジローやっちゃってよ」という周りの後押《お》しの結果だ。

自転車を漕《こ》いで学校に着くと、会議室に通された。

「おお、クーラーついてるじゃん」

「そう。贅沢《ぜいたく》だろ？」

小野田はにこりと笑った。②これは間違《まちが》いなく頼みごとだ。

「まあ、ジロー座れよ」

「ああ」

「夏季大会、お疲《つか》れ様。惜《お》しかったな」

我がバスケ部は二回戦で負けて、上の大会には進めなかった。俺ら三年生はそれで引退。あとは受験に向かうべきなのだけれど、まだそんな気にはなれなかった。

「頼みたいことがあると言うか、ジローしかいないってことがあるんだけど」

小野田はそう言いながら、麦茶まで出してくれた。かなりの[注二]ＶＩＰ待遇《たいぐう》だ。いったいなんだろう。夏休みに呼び出してまでの、頼み事。二学期からクラスの雰囲気《ふんいき》を受験モードに持っていきたいから、なんか取組をしろということだろうか。もしくは、野球部部長の村野が大会で負けて元気ないから、声かけてやれ、ということか。

「で、先生、何？」俺は麦茶を一気に飲み(ウ)ホした。もったいつけなくたって、俺はだいたいＯＫなのだからすぐに言ってくれたらいい。大会も終わったことだし、早く片付けて昼からは遊びに行きたい。

[注三]「駅伝って、六人で走るだろ？」

「ああ」

「それなのに、今年陸上部で長距離《ちょうきょり》やってるやつ、二、三年生合わせても三人しかいなくて、人が足りないんだって」

「へえ。短距離の岡下《おかした》とか走らないの？」

なんで(エ)世間話なんてするのだろう。さっさと用件を言えばいいのにと思いながら、俺は訊《き》いた。

「岡下や城田は短距離だから、長い距離走りそうにないしなあ。まず根性がないと駅伝は無理だろ」

「そっか。ま、駅伝は別に陸上部だけでやるわけじゃないから、誰か走るだろ」

毎年駅伝大会では陸上部イガイのメンバーが活躍《かつやく》している。今年もそうなるだろう。③俺は気楽に言った。

「そうだな。で、ジロー、お前走ったらどうだ？」

「は？」俺は何の根拠《こんきょ》もない小野田の言葉に、④目を丸くした。

「ジローそこそこ走り速いしさ」

「いやいやいや、もっと速いやついっぱいいるじゃん」

俺は運動神経は悪くないけど、走りに関してはごく普通《ふつう》だ。俺より速いやつが三年生だけでもずいぶんいる。俺は小野田の申し出に首をぶんぶん振った。

「でも、ジロー、いつも体育祭とか校内陸上大会で休んだやつの分も走ってるだろ？」

「それって速いからじゃなくて、俺が一番無理きくってだけだろ？」

俺は欠席者の代わりになんだかんだとやってはいる。でも、それは有能だからではなく、突然頼まれても断らないからだ。

「もしかしてジロー、いやなのか？」

小野田は当たり前のことに首をかしげた。

「いやだろう。普通」

「どうしてだ。駅伝に出るなんて名誉《めいよ》なことじゃないか」

「だから困るんだよ。俺が走って迷惑《めいわく》かけるのはいやだしな」

そうだ。駅伝となるといつもの調子でＯＫというわけにはいかない。駅伝は学校あげて取り組んでいるし、毎年県大会に進出している。それなのに、速くもない俺が走って上に進めないとなると大問題だ。放課後や夏休みに練習するのが面倒でもある。

「そんなの気にせず走ったらいいじゃないか」

「気にするよ。とにかく駅伝は無理だ」

「本気で言ってるのか？」

小野田は俺の顔をじっと見た。

「ああ、さすがにちょっとなあ」

「どうしてもか？」

「どうしてもって、ほら、駅伝となると、やっぱりしんどいじゃん」

「そうか。そうだな。わかった」

小野田はがっくりと（　Ｂ　）を落として、大きなため息をついた。そのとたん、俺はなんとも嫌《いや》な気持ちになった。断るのはこんなに後味の悪いことなのか。俺は思わず「わかったって、やるよ」と小野田の手を握《にぎ》りたくなる衝動《しょうどう》にかられた。でも、引き受けて走ったって、うまくいくわけがない。もっと困る事態になるはずだ。俺は⑤後ろ髪《がみ》を引かれる思いを断ち切るように、会議室をそそくさと出た。

切ないような苦しいようなざわざわした思いは、家に帰ってからも消えなかった。小野田のがっかりした顔ったらなかった。期待が抜《ぬ》けて(オ)失望に変わる表情を見せられるのは、たまらない。今日は川へ行って遊びまくろうと思っていたのに、何もする気がなくなってしまった。こういう時は寝《ね》るにかぎる。しっくりいかない気持ちは寝てなくすのが一番だ。そう思い立って扇風機《せんぷうき》をかけて眠《ねむ》っていたら、夕方母親にたたき起こされた。

（瀬尾まいこ『あと少し、もう少し』新潮文庫刊より　一部改）

（注一）一喝・・大声でしかりつけること。　（注二）ＶＩＰ待遇・・丁重なもてなしのこと。

（注三）駅伝・・道路をコースとする長距離のリレー競走のこと。

問1　ぼう線部（ア）（イ）（ウ）のカタカナを漢字に直し、（エ）（オ）の漢字は読みをひらがなで書きなさい。

問2　ぼう線部①「ここ最近の行動を振りかえってみた」とありますが、その理由をくわしく書いた次の文の空らんに当てはまる内容を、本文中の言葉を使って十字以内で答えなさい。

【ジローは、小野田が電話をよこした理由が＿＿＿＿ではないかと思ったから。】

問3　本文中の（　Ａ　）に入る言葉として最も適当なものを、次のア～エの中から一つ選び、記号で答えなさい。

ア　努め　　イ　勤め　　ウ　務め　　エ　勉め

問4　本文中の（　あ　）（　い　）に入る言葉として最も適切なものを、次のア～オの中からそれぞれ一つずつ選び、記号で答えなさい。

ア　しかも　　イ　だから　　ウ　つまり　　エ　だけど　　オ　ところで

問5　ぼう線部②「これは間違いなく頼みごとだ」とジローが思った理由として最も適切なものを、次のア～エの中から一つ選び、記号で答えなさい。

ア　クーラーのついた部屋に呼ばれるなど、もてなしを受けたから。
イ　ジローは生徒会書記なので、頼まれるような仕事があるから。
ウ　ジローは何でも引き受けるので、頼み事がとてもしやすいから。
エ　小野田はジローの担任で、いつも誰かに頼み事をしているから。

問6　ぼう線部③「俺は気楽に言った」とありますが、その理由をくわしく書いた次の文の空らんに当てはまる内容を、本文中の言葉を使って二十字以内で答えなさい。

【駅伝のメンバーはいずれ集まるだろうと考え、また、自分自身は□から。】

問7　ぼう線部④「目を丸くした」を、同じ意味になるよう別の言葉で言いかえなさい。

問8　本文中の（　B　）に入る身体を表す漢字一字として最も適当なものを、次のア～オの中から一つ選び、記号で答えなさい。

ア　頭　　イ　首　　ウ　肩《かた》　　エ　膝《ひざ》　　オ　足

問9　ぼう線部⑤「後ろ髪を引かれる思い」とありますが、この表現からジローのどのような様子がわかりますか。「駅伝」「がっかり」の言葉を使って、四十五字以内で答えなさい。

問10　本文の内容として適当なものを、次のア～オの中からすべて選び、記号で答えなさい。

ア　同じクラスに真司がいなければ、彼は「ジロー」ではなく「しんちゃん」というあだ名で呼ばれていた。

イ　運動神経の良いジローは、体育祭や校内陸上大会でも速さを評価されて欠席者の代わりに走っている。

ウ　「頼まれたら断るな」という母親の教えを守り、ジローはどのような頼みも絶対に断ることはない。

エ　バスケ部は、夏の大会において二回戦で負けたため、三年生のジローは引退となった。

オ　自分が断らないために他人からよく何かを頼まれることを、ジローは損だと思っている。

問題は以上です。